た・の・し・い 編み込み図案と小物

山下ひとなつ

Prologue

はじめに

初めて編み込み模様をデザインしたのはおにぎり柄でした。
おにぎり柄がずーっと続くニット帽。
おにぎり柄が大好きな友達にプレゼントをしたところ、すごく喜んでくれたことが嬉しかったのを覚えています。嬉しくて、調子にのっていろいろなデザインを考えていくうちに図案が増えて現在にいたります。

以前は、「編み込みなんて糸が絡まるし面倒だな〜」と自分自身でハードルをあげて遠ざけていました。それがおにぎり柄以降、自分の周りの楽しことやモノを編み込みしていると、出来上がりにわくわくしてあれこれ編むのが楽しくなりました(でも糸は絡まる、絡まない方法があったら教えてほしい…)。

模様を編むのが初めての方は、図案のスワッチから編んでみるのがおすすめです。
たくさん編むと練習にもなり、スワッチをつなげてブランケットにしても額に入れて飾ってもかわいいと思います。
編み物が得意な方は、掲載している図案を使ってアレンジしてみてください。使い方はいろいろです。

この本をご覧いただいたみなさんが、わくわくした気持ちで編み物を楽しんでいただけたら嬉しいです。

山下ひとなつ

もくじ

動物たち

みんな大好き動物モチーフ。動物の特徴と
かわいさをシンプルなカタチにして編みま
す。目やこまかい模様は最後に刺繍をする
と簡単でかわいく仕上がります。

アシカ（黄）
DARUMA
ダルシャン並太
イエロー（5）、
レッド（18）、
グレー（52）、
ブラック（20）

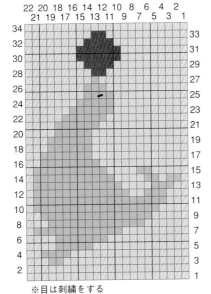

※目は刺繍をする

Kissing swan
DARUMA　やわらかラム　きなり（2）、
ウォーターブルー（10）、カナリヤ（33）すべて2本取り

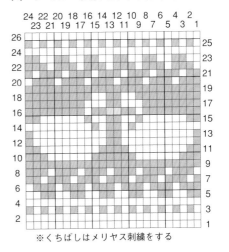

※くちばしはメリヤス刺繍をする

アシカ（青）
DARUMA
ダルシャン並太
イエロー（5）、
ブルー（12）、
グレー（52）、
ブラック（20）

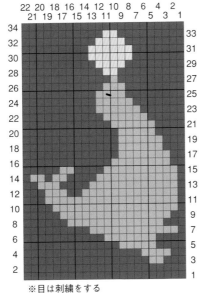

※目は刺繍をする

ウサギ
DARUMA　やわらかラム　きなり（2）2本取り、
カナリヤ（33）2本取り、キャロット（26）、
ダーコイズグリーン（41）
目と鼻の刺繍は何でもよい

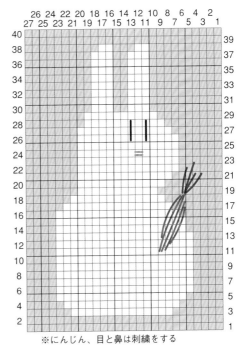

※にんじん、目と鼻は刺繍をする

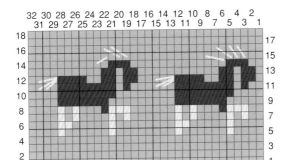

※たてがみと尾は刺繍する

かけっこ馬
DARUMA　ダルシャンウール並太　きなり（102）、
ブラウン（103）、ライトグレー（113）

パンダ
DARUMA
ダルシャンウール
並太
ホワイト (101)、
ブラック (115)

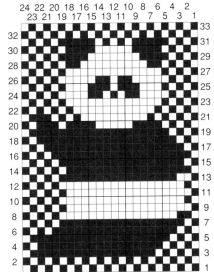

サカナ
DARUMA　ダルシャンウール並太
ライトブルー (105)、ネイビー (108)
目の刺繍は何でもよい

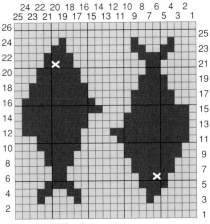

※目は刺繍をする

タートルネックを着たネコ
アヴリル
ワッフル
ブラック (24)、
レッド (26)
アヴリル
ウールリリヤーン
レモンイエロー
(176)
ひげは何でもよい

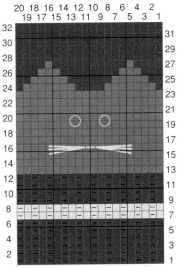

※目はボタン、ひげは毛糸を結ぶ

ハトキャプテン
アヴリル
ワッフル
アケビ (06)、
L. ブルー (20)、
モスグリーン (23)
アヴリル
ウールリリヤーン
レモンイエロー
(176)

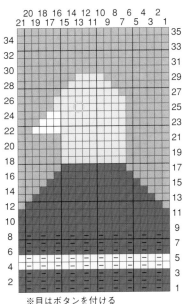

※目はボタンを付ける

すすめ！ペンギン
DARUMA　手つむぎ風タム糸　きなり (1)、
ダークネイビー (14)、ペパーミント (19)、ミモザ (15)

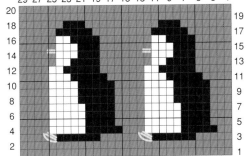

※くちばしと足は刺繍をする

イヌ
DARUMA
原毛に近い
メリノウール
ネイビー (14)、
キャメル (17)
目と鼻の刺繍は
何でもよい

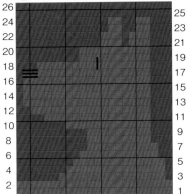

※鼻と目は刺繍をする

アシカクッション

アシカを向かい合わせに配置して、
横長のクッションにしました。アシカ
のボールとポンポンの色をそろえれ
ば、図案の中からボールが飛び出し
てきたようなおもしろさがあります。

How to make >> 66 page

ウサギ
ポシェット

ひももすべてニットで作ったふ
わもこポシェット。反対側に
はウサギの大きなしっぽもつ
いています(20ページ)。

How to make >> 68 page

クロネコ
ハンド
ウォーマー

シンプルな図案ですが、しっかりクロネコ。親指部分を黒い毛糸で編んで、ネコが手を伸ばして遊んでいるようなかわいらしさに。

How to make >> 70 page

14

パンダソックス

白黒格子としましまでこれでもか
とパンダ感をアップさせたソック
スです。白黒の位置を間違えない
ように注意してください。

How to make >> 72 page

スワンネックウォーマー

9ページのKissing swanの図案をぐるりと一周させてネックウォーマーにしました。
黒い糸で編めばブラックスワンになります。

How to make >> 74 page

ペンギンマフラー

氷の上を行進する13羽のペンギンたち。
13羽を横に長くつなげて編むので少し根気が必要ですが、たまらないかわいらしさです。

How to make >> 76 page

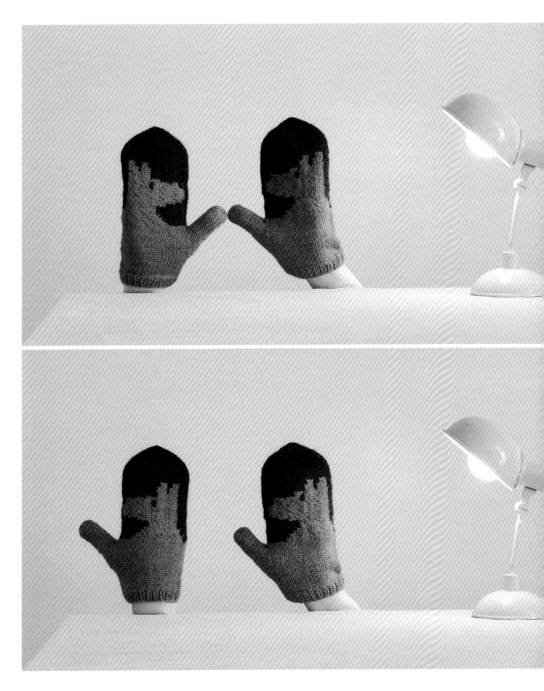

イヌミトン

横を向いたイヌに合わせて、親指の位置が手のひら側ではなく横についているタイプです。
右手と左手を並べるとおしゃべりしているみたいで楽しい。

How to make >> 78 page

裏のデザイン。ネコとウサギは表と同じ形です。アシカのクッションは波模様で水をイメージして。

20

おいしいもの

テンションがあがる食べ物図案。編
み物では見ないようなモチーフで
も、図案にしてみるとその独特のお
もしろさにひかれてしまいます。

イチゴ

アヴリル
ワッフル
サーモン（02）
アヴリル
ウールリリヤーン
ストロベリー（175）

DARUMA
やわらかラム
ターコイズグリーン（41）
2本取り
つぶつぶの刺繍は
何でもよい

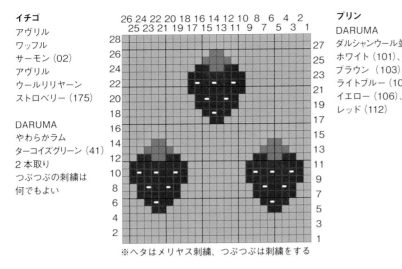

※ヘタはメリヤス刺繍、つぶつぶは刺繍をする

プリン

DARUMA
ダルシャンウール並太
ホワイト（101）、
ブラウン（103）、
ライトブルー（105）、
イエロー（106）、
レッド（112）

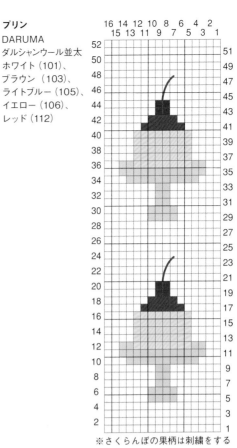

※さくらんぼの果柄は刺繍をする

Breakfast club

DARUMA
ダルシャン
毛混並太
クリーム（3）、
レッド（5）、
ホワイト（42）、
ブラウン（53）

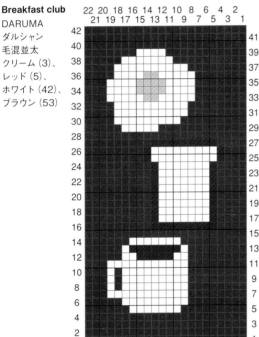

※コーヒーとパンの耳、目玉焼きの黄身はメリヤス刺繍をする

ちいさなイチゴ

アヴリル
ウールリリヤーン
ベビーブルー（178）

DARUMA
ダルシャンウール
並太
グリーン（109）、
レッド（112）

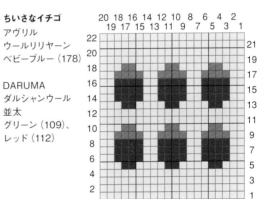

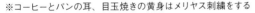

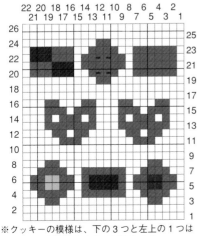

クッキー

アヴリル
ワッフル
ミルク（01）、キャメル（27）
アヴリル
ウールリリヤーン
ストロベリー（175）、
グラスグリーン（177）
アヴリル　ラム85
ブラウン（13）
2本取り

すいか

DARUMA
ダルシャン毛混並太
レッド（5）、
ホワイト（42）、
グリーン（49）
種の刺繍は何でもよい

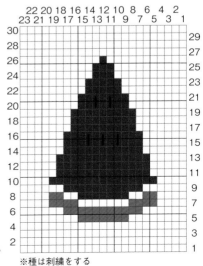

※クッキーの模様は、下の3つと左上の1つは
メリヤス刺繍、上中央は刺繍をする

※種は刺繍をする

23

ビール
DARUMA　ダルシャン毛混並太　ネイビー（13）、
イエロー（24）、ホワイト（42）

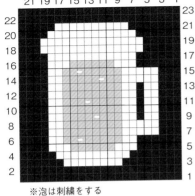

```
         22 20 18 16 14 12 10  8  6  4  2
          21 19 17 15 13 11  9  7  5  3  1
      22                                    23
      20                                    21
      18                                    19
      16                                    17
      14                                    15
      12                                    13
      10                                    11
       8                                     9
       6                                     7
       4                                     5
       2                                     3
                                             1
```

※泡は刺繍をする

おにぎり弁当
アヴリル
ワッフル
ミルク（01）、
ブラック（24）
アヴリル
ウールリリヤーン
ストロベリー（175）、
グラスグリーン（177）
アヴリル　ラム85
ハニーゴールド（22）
3本取り

```
      22 20 18 16 14 12 10  8  6  4  2
       23 21 19 17 15 13 11  9  7  5  3  1
    30                                       29
    28                                       27
    26                                       25
    24                                       23
    22                                       21
    20                                       19
    18                                       17
    16                                       15
    14                                       13
    12                                       11
    10                                        9
     8                                        7
     6                                        5
     4                                        3
     2                                        1
```

レモン
DARUMA
ダルシャン毛混並太
イエロー（24）、
ホワイト（42）

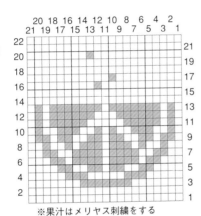

```
         20 18 16 14 12 10  8  6  4  2
          21 19 17 15 13 11  9  7  5  3  1
      22                                    21
      20                                    19
      18                                    17
      16                                    15
      14                                    13
      12                                    11
      10                                     9
       8                                     7
       6                                     5
       4                                     3
       2                                     1
```

※果汁はメリヤス刺繍をする

カレー
DARUMA　ダルシャン毛混並太
グレー（33）、ホワイト（42）、ブラウン（53）、ピンク（55）、
ダークグリーン（29）、エンジ（30）

```
      22 20 18 16 14 12 10  8  6  4  2
       23 21 19 17 15 13 11  9  7  5  3  1
    20                                       19
    18                                       17
    16                                       15
    14                                       13
    12                                       11
    10                                        9
     8                                        7
     6                                        5
     4                                        3
     2                                        1
```

※具は刺繍をする

サンドイッチ
DARUMA
ダルシャンウール
並太
ホワイト（101）、
グリーン（109）
具の刺繍は何でも
よい

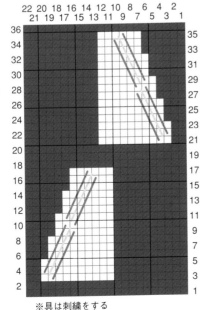

```
         22 20 18 16 14 12 10  8  6  4  2
          21 19 17 15 13 11  9  7  5  3  1
      36                                    35
      34                                    33
      32                                    31
      30                                    29
      28                                    27
      26                                    25
      24                                    23
      22                                    21
      20                                    19
      18                                    17
      16                                    15
      14                                    13
      12                                    11
      10                                     9
       8                                     7
       6                                     5
       4                                     3
       2                                     1
```

※具は刺繍をする

にんじん
DARUMA　ダルシャンウール並太
イエロー（106）、グリーン（109）
DARUMA　原毛に近いメリノウール
キャロット（19）

```
      24 22 20 18 16 14 12 10  8  6  4  2
       25 23 21 19 17 15 13 11  9  7  5  3  1
    30                                          31
    28                                          29
    26                                          27
    24                                          25
    22                                          23
    20                                          21
    18                                          19
    16                                          17
    14                                          15
    12                                          13
    10                                          11
     8                                           9
     6                                           7
     4                                           5
     2                                           3
                                                 1
```

イチゴきんちゃくバッグ

かわいい雰囲気でなかなかの存在感があるイチゴたち。まん丸い底と本体に分けて編み、後から編みとじます。

How to make >> 80 page

イチゴ
スカーフ

昔おばあちゃんが持っていたよ
うな、懐かしさとやさしさがつ
まった三角形のスカーフ。ひと
つだけついたタッセルにも縁
の透かしにもキュンとします。

How to make >> 82 page

おにぎり弁当ミトン

ミトンにおにぎり弁当というシュールさに、楽しかった遠足を思い出すような一対です。地味に見えてインパクトのあるデザイン。

How to make ≫ 84 page

プリンミトン

子どもの頃に大好きだった、プリンアラモードグラスに入ったさくらんぼがのったプリン。甘くかわいい少女のためのミトンです。

How to make >> 86 page

クッキー
ニット帽

定番クッキーがぐるりとつな
がる帽子です。1段目からメリ
ヤス編みで編むので、先がく
るくると丸まったところもかわ
いいポイントです。

How to make >> 88 page

にんじん
レッグウォーマー

にんじんだけどどこかフォークロ
ア調にも見えるレッグウォーマー。
細長いにんじんですっきり縦長効
果もありかも。

How to make >> 90 page

ビールコースター
カレーコースター

食欲をそそるコースター2枚。まずは簡単
にできるコースターサイズから編み込みを楽
しんでみるのも手です。

How to make >> 92 page

朝食クッション

一日の始まりは元気が出そうな朝食セット
から。中に詰める綿はころんとするくらいた
くさん詰めた方がかわいく出来上がります。

How to make >> 94 page

33

裏のデザイン。プリンミトンは断面図のようなおもし
ろいデザイン。きんちゃくの底はクンスト編みで中心
から外に向かって丸く編みます。コースターはビール
の泡とカレーのルー模様です。クッションはシンプル
な格子だけでこんなにかわいくなります。

お花と町と
いろいろと

お花や町並みなど、周りにあるかわ
いいを編み込みました。好きな色合
わせで編んでみてください。

夜空
DARUMA　ダルシャンウール並太
ブルー（107）、ブラック（115）、イエロー（106）

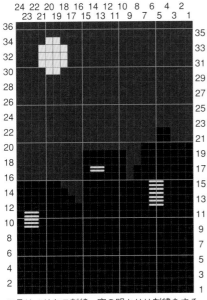

※月はメリヤス刺繍、窓の明かりは刺繍をする

new town　おうち
DARUMA　シェットランドウール　きなり(1)、ミント(7)、レッド(10)、マリンブルー（11）
DARUMA　ダルシャンウール並太　イエロー（106）
ドアノブの刺繍は何でもよい

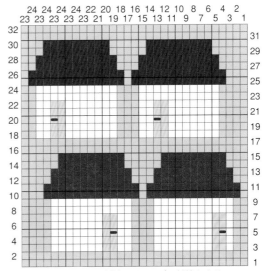

※ドアはメリヤス刺繍、ドアノブは刺繍をする

星
DARUMA
ダルシャンウール並太
イエロー（106）、
ブルー（107）

三つ編みの女の子
DARUMA
ダルシャン並太
ベビーピンク（3）、
グリーン（16）、
レッド（18）、
ホワイト（25）、
ブラウン（49）

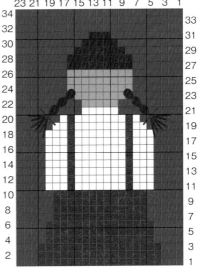

※耳の位置の渡り目に毛糸を3本通して
　三つ編みをする
　スカートの肩ひもはメリヤス刺繍をする

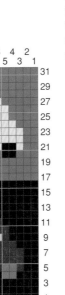

夜のドライブ
DARUMA
ダルシャンウール並太
ホワイト（101）、
ライトブルー（105）、
イエロー（106）、レッド（112）、
グレー（114）、ブラック（115）
オレンジのヘッドライトの刺繍は
何でもよい

※窓、タイヤ、ライトの光はメリヤス刺繍、
　ヘッドライトは刺繍をする

あざみ
DARUMA　ダルシャンウール並太
ホワイト（101）、グリーン（109）
DARUMA　シェットランドウール
ローズピンク（4）

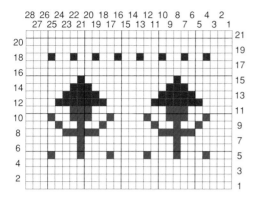

ミモザ
DARUMA　やわらかラム
グレープ（30）、カナリヤ（33）、ターコイズグリーン（41）
茎の刺繍は何でもよい

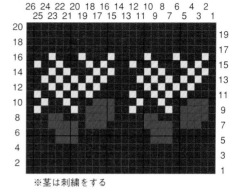

※茎は刺繍をする

お花　4枚花びら
DARUMA　原毛に近いメリノウール
ライトグレー（8）
DARUMA　やわらかラム
オリーブ（27）、グレープ（30）、カナリヤ（33）

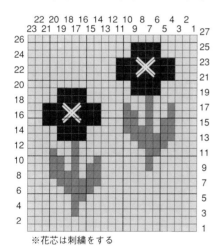

※花芯は刺繍をする

お花　丸
DARUMA　原毛に近いメリノウール
キャメル（17）
DARUMA　やわらかラム　アプリコット（5）、
ターコイズグリーン（41）、カナリヤ（33）

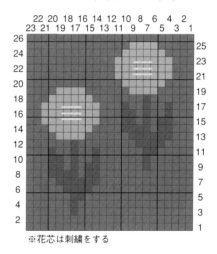

※花芯は刺繍をする

リボン
アヴリル
ワッフル
ミルク（01）
アヴリル
ウールリリヤーン
ストロベリー（175）、
ベビーブルー（178）

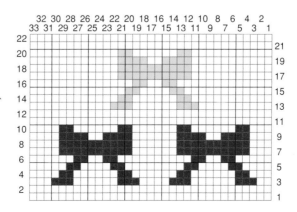

夜のドライブミトン

夜空とドライブの2つのスワッチを組み合わせたデザイン。色を変えれば昼間のドライブにもなりそうです。

How to make >> 96 page

ちいさなおうちが並ぶかわいい町並みに、
雲を追加しました。ふわふわと気分も軽く
なるような楽しげなマフラー。

How to make >> 109 page

三つ編み
女の子
バッグ

昭和レトロなかわいらしさが
満載のバッグ。持ち手は編み
ひもではなく、中袋と同じ赤
白のギンガムチェックにしてレ
トロ感アップ。

How to make >> 98 page

リボン
きんちゃく
バッグ

26ページのイチゴきんちゃく
と同じ形です。白地に水色と
赤のリボンでさわやかに。

How to make >> 100 page

アザミニット帽

30ページのクッキーニット帽とほぼ同じ形です。こちらは下から8段はゴム編みをしているので、帽子の形が違って見えます。

How to make >> 102 page

44

ミモザソックス

足首と甲の2か所にミモザを編み込みました。ステップしたくなるようなリズム感のあるくり返しのデザイン。

How to make >> 104 page

丸いお花ハンドウォーマー

ほぼ正方形に編んで脇を親指部分を残してとじるだけという、シンプルなつくりのハンドウォーマーです。
大胆なお花が懐かしくも新鮮。

How to make >> 106 page

4枚花びらのお花ハンドウォーマー

46ページと同じハンドウォーマーのお花違いです。シックな色合わせで、
大人のレトロかわいいさを。

How to make >> 106 page

裏のデザイン。きんちゃくの底は、丸く編むクンスト編み。バッグは可憐に一輪のお花。夜のドライブは残像のようなおもしろいデザインに。

1. **玉付2本棒針**　片側に玉がついているので、編み目が針からはずれにくくなっています。針の号数は糸の太さに合わせ、編むものによって、長さを選びます。　2. **4本棒針（5本棒針）**　両端が針になっているのでどちらからも編めます。輪に編みたいミトンやソックス、帽子などに使います。　3. **かぎ針**　かぎ編みに使う針です。先がかぎ状になっているので糸を引っかけて引き抜くときに使っています。　4. **リペアフック**　編み地の修正をするときの道具ですが、かぎ針として使ってそのまま編めるので便利です。　5. **毛糸とじ針**　太くて先が丸くなっている針。最後に編み地をとじたり、糸の始末に使います。　6. **輪針**　棒針をコードでつないだ、輪編みに使う針。編むものによって長さを選びます。　7. **メジャー**　編んだものやゲージの長さを測るときに使います。　8. **ニットゲージ**　目数と段数を簡単に数えることができる10cm角のフレーム定規。　9. **はさみ**　糸を切るときに使います。　10. **まち針**　編み地同士をとめるときなどに使います。　11. **段目リング**　目数や段数の目印として編み目や棒針にかけて使います。　12. **ポンポンメーカー**　ポンポンが簡単にきれいに作れます。　13. **糸**　この本では主に並太の毛糸を使っています。ラベルに適した針の号数や標準ゲージなどの情報が書かれているので見てから選んでください。　14. **布**　バッグの中袋などに使います。
ほかにもスチームアイロンや当て布を用意しておきます。

編み目とゲージ　基本の編み目の見方とゲージについて解説します。

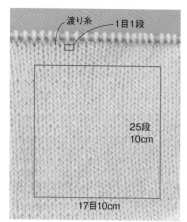

渡り糸
1目1段
25段
10cm
17目10cm

編み目は横方向の「目」と縦方向の「段」で数えます。目と目の間は渡り糸と言い、この糸をすくう編み方があります。ゲージは決まった大きさ（10cm四方が多い）の中に何目何段の編み目が入るかをあらわしています。糸のラベルに表記されていて、その糸に適した編み目になります。写真の場合は10cm四方に17目25段のメリヤス編みになります。帽子やミトンなどはゲージが合っていないとサイズが変わってきてしまうので、針の太さで調整します。まず15cmくらいで試し編みをし、表示のゲージよりも多い場合はもう1、2号太い針、少ない場合は1、2号細い針で編んでみてください。

編み図の見方　四角の中に記号が入った図で、表から見た編み図をあらわします。1マスが1目1段です。

往復編み

平らなものは奇数段を表（右から左）、端まで編んだら反対返して偶数段を裏（図では左から右）を見て編みます。裏を見て編む場合、図の記号が表目の場合は裏目、裏目の場合は表目と反対の編み方で編みます。

	表目
	裏目

編み図

実際に編むとき

輪編み

輪（筒）に編む場合は、ぐるぐると続けて編むのでずっと表を見ながら編むことになります。奇数段も偶数段も図の記号どおりに編みます。

	表目
	裏目

編み図

実際に編むとき

作品に使う編み目記号

□＝□ 表目　　　─ 裏目
　記号の省略　　　 左上2目一度

編み図はこのように表記されます。この編み図以外に、形が複雑なものは製図が入る場合があります。

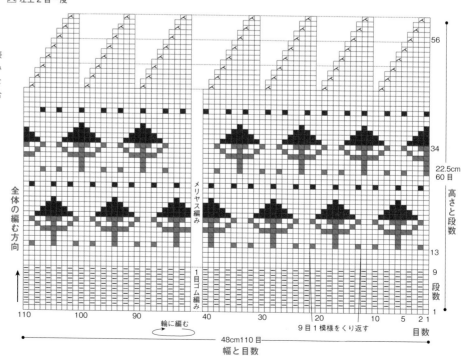

全体の編む方向
メリヤス編み
1目ゴム編み
56
34
13
9
1
22.5cm
60目
高さと段数
段数
110 100 90 40 30 20 10 5 2 1
輪に編む
9目1模様をくり返す
目数
48cm110目
幅と目数

作り目　基本的な作り目です。棒針2本で作ります。

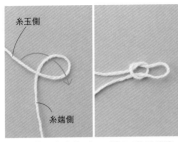

糸玉側

糸端側

1 糸端を出来上がりの幅の4倍ほど残し、糸端側を下にして輪を作ります。糸玉側の糸を輪に通して引き出し、糸端側を引っ張って引き締めて結び目を作ります。

糸端側

糸玉側

2 輪の中に針を入れ、糸を引き締めます。これが1目めです。糸端側を左手の親指、糸玉側を人さし指にかけて3本の指で糸をまとめてにぎります。

3 手前の親指の糸を下から上にすくいます。

4 次に人さし指の糸を奥から手前にすくいます。

5 親指と針の間にできた輪の中を通して手前に引き出します。

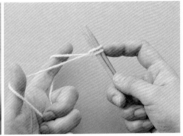

6 親指にかかっている糸をはずし、人差し指と親指で糸を引き締めます。引き過ぎないように注意します。これで2目めができました。

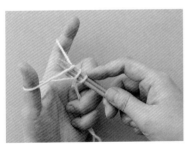

7 これを必要な目数だけくり返します。

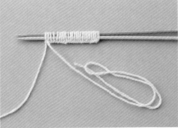

8 作り目ができました。これが1段めになります。糸端側の糸は、糸始末分を残してカットしてもかまいません。

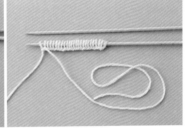

9 針を1本抜きます。これで1段めの完成です。針をひっくり返して向きを変え、2段めを編みます。

表目の編み方 　棒針の基本となる編み方で、表編みとも言います。

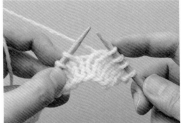  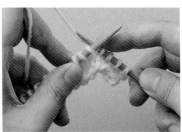

1 針の奥に糸をおきます。

2 左の針にかかっている手前の糸に、右の針を手前から奥に針を入れ、針を交差させます。

3 針に糸を手前から奥にかけます。

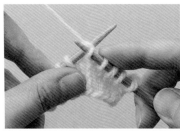 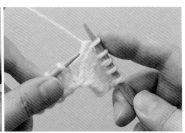

4 針を戻して糸を引き出します。

5 左の針から目をはずします。これで表目が編めました。

裏目の編み方 　表目と同様に、棒針の基本となる編み方です。裏編みとも言います。

1 針の手前に糸をおきます。

2 左の針にかかっている手前の糸に、右の針を奥から手前に針を入れ、針を交差させます。

3 針に糸を手前から奥にかけます。

4 針を戻して糸を引き出します。

5 左の針から目をはずします。これで裏目が編めました。

メリヤス編み

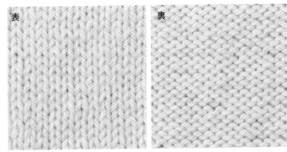

表

裏

表目だけの編み地。裏は裏目だけの編み地になります。往復編みの場合は、奇数段を表目、偶数段を裏目で編みます。輪編みのときはずっと表目を編みます。

1目ゴム編み

表目と裏目を1目ずつ交互に編みます。伸縮性があり、ミトンなどの口に使われます。

糸が足りなくなったら

糸をかえる場所が端でも途中でも同じ要領ですが、往復編みの場合は端でかえたほうが楽です。

▶ 端でかえる

1 表目の場合。針を目に入れ、奥に糸を沿わせます。糸端は10cmほど残しておきます。

2 そのまま表目を編みます。針に糸をかけて引き出します。

3 左の針から糸をはずします。これで糸がかわりました。

▶ 途中でかえる

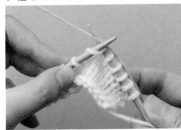

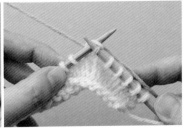

1 表目の場合。針を目に入れ、針の交差した部分に糸をかけます。糸端は10cmほど残しておきます。

2 そのまま表目を編みます。針に糸をかけて引き出します。

3 左の針から糸をはずします。これで糸がかわりました。新しい糸が抜けないように注意しましょう。気になる場合は、元の糸で最後の1目を編むときに新しい糸をからげて編み込んでもかまいません。

**編み込みの
しかた** 編み込みをきれいに編むコツは、裏に渡る糸がつれたりゆるんだりせずに一定の引き加減で編むことです。
何度か編んで引き加減を確かめてください。

1 地糸がホワイト、配色糸がブラウンで
す。地糸を下、配色糸を上にして持ち
ます。目に針を入れ、配色糸を針にか
けます。

2 針を引き出して表目を編みます。

3 左の針から糸をはずして1目編めまし
た。

4 同じ色で編む目が続くときは、3、4目
ごとに裏で糸同士を交差させます。こ
うすることで裏で糸が押さえられ、引き
加減も一定になりやすく、使うときも手
に引っかかる心配が少なくなります。

5 編み図のとおりに地糸と配色布を編
みます。

6 裏はこのようになっています。一定の糸
の引き加減で糸が渡っています。

⟋ **右上2目一度** ミトンなどの減らし目をする編み方です。2目を1目に減らします。

1 1目めに手前から奥に針を入れ、糸を
かけずにそのまま右の針に目を移しま
す。

2 2目めに針を入れ、表目を編みます。

3 編んだところはこのようになります。

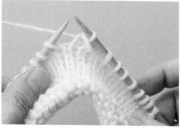

4 左の針を1目めに入れます。奥に差し
込まずに、手前の糸だけをすくいま
す。

5 左の針で1目めの糸を持ち上げて2目
めの上を通して左の針を抜き、2目め
にかぶせます。1段下の右の目が左の
目に重なった状態になります。これで
完成です。

54

⟋⟍ 左上2目一度 ミトンなどの減らし目をする編み方です。2目を1目に減らします。

1 右の針を手前から奥に、2目まとめて一緒に入れます。

2 表目を編みます。針に手前から奥に糸をかけ、引き抜きます。

3 左の針からはずせば完成です。

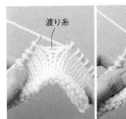

Ω ねじり増し目 渡り糸をすくって1目増やす編み方です。すくった場所にすき間があかないようにねじります。

渡り糸

1 渡り糸に右の針を奥から手前に入れてすくいあげます。

2 すくった目を左の針に移します。

3 移した目の奥側の糸に右の針を入れ、表目と同様に糸をかけて編みます。1目増えました。

○

かけ目
針に糸をかけて1目増やす編み方です。

右の針に手前から奥に糸をかけて1目増やします。次の目はそのまま続けて編みます。

休み目
編まずに別の糸などに目を通しておき、その先の目を編みます。

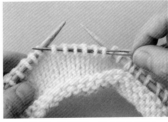

1 とじ針に糸を通し、休ませる目をとじ針に移します。

2 とじ針を抜き、糸をしばっておきます。続けてその先の目を編みます。

∨ すべり目 編まずに左の針から右の針に目を移すことで模様を作ります。

1 すべり目の手前まで編みます。

2 目の手前の糸を右の針ですくいます。

3 そのまま編まずに左の針から抜いて右の針に移します。編み糸が後ろに渡り、下の段の目が上に引き上げられた状態になります。

伏せどめ　最後まで編めたら針をはずしながら伏せ目をして目をとめます。

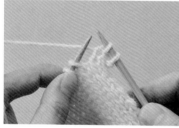  

1 前段と同じ編み目で2目編みます。

2 左の針を右の針のひとつ前の目に入れます。左の針で糸を持ち上げて2目めの上を通して2目めにかぶせます。

3 左の針を抜いたら、1目伏せた状態になります。

4 次の1目を編み、同様にひとつ前の目に左の針を入れて次の目にかぶせます。

5 これをくり返して最後まで目を伏せていきます。

編み終わり

1 最後まで伏せどめができたら、最後の目の糸を少し引いて輪を大きくします。

2 糸端を10cmくらい残してカットし、輪の中に通します。

3 糸端を引っ張って輪を引き締めます。

糸の始末のしかた

 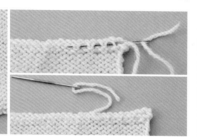

1 糸端をとじ針に通し、裏側の糸にくぐらせます。縦にくぐらせるときは渡り糸に通します。

2 横にくぐらせてもかまいません。余った糸はカットします。

アイロンがけ

最後に形を整えてアイロンをかけ、編み目を整えます。周囲にまち針をうち、スチームアイロンでアイロンを少し浮かせて蒸気をあてます。冷めるまでそのまま動かさずにおいておきます。

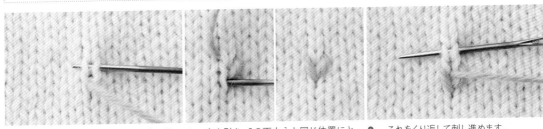

1 目の下中心からとじ針を出し、上の目の左右の糸をすくいます。

2 糸を引き、**1**の下中心と同じ位置にとじ針を入れます。1目刺せました。

3 これをくり返して刺し進めます。

ほかの刺繍　メリヤス刺繍のように目に沿って刺さずに、自由に刺す刺し方です。

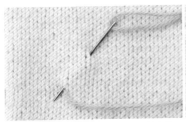 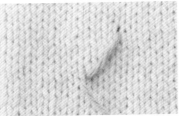 

1 好きな位置からとじ針を出して入れます。出した位置にもう一度とじ針を出します。

2 斜めに糸が渡りました。動物の目などを刺すときは、1、2針でかまいません。

3 にんじんなどのふっくらさせたいものを刺すときは、同じ位置に刺すことをくり返してふっくらとさせます。

なみ縫い　布をぐし縫いするのと同じ要領です。わかりやすいように別糸を使っていますが、作り目や伏せ目の残った糸をとじ針に通して使います。

1 外表に編み地を合わせ、目と目を合わせてまち針でとめます。

2 目と目の間から糸を通したとじ針を入れて縫います。

3 同じ色の糸で縫うと縫い目は目立ちません。

メリヤスはぎ　メリヤス編みの目のように2枚をとじる方法です。わかりやすいように別糸を使っていますが、作り目や伏せ目の残った糸をとじ針に通して使います。

▶ 作り目と伏せ目のはぎ方

1 編み地の目と目をそろえ、糸を通したとじ針を手前の端の目から針を出し、奥の編み地の端の目に入れます。

2 手前の編み地に戻り、2目めをすくいます。次に奥の編み地を同様にすくいます。手前の編み地は八の字、奥の編み地はVの字にすくいます。

3 これをくり返すとメリヤス編みのような糸の渡りになります。糸を引くと糸が目立たなくなり、編み地と編み地がつながります。

▶ 針に目が残っているときのはぎ方

1 編み地の目をそろえておき、糸を通したとじ針で目をすくいます。まず手前の編み地の端の目に裏からとじ針を入れて出し、奥の編み地をすくいます。

2 手前の編み地に戻り、**1**で出した目からとじ針を入れ、1目めと2目めを右から左にすくいます。

3 奥の編み地の1目めと2目めを一緒に右から左にすくいます。1目に2回ずつとじ針を通します。

4 これをくり返してメリヤス編みのような糸の渡りではぎます。糸を引くと糸が目立たなくなり、編み地と編み地がつながります。

すくいとじ 編み地の段と段をとじ合わせる方法です。わかりやすいように別糸を使っていますが、作り目の残った糸をとじ針に通して使います。

1 1目めと2目めの間の渡り糸をすくいます。

2 左右の編み地を、1段ずつ交互にすくいます。

3 これをくり返して糸を引くと糸がかくれて突き合わせたようにきれいにとじられます。

引き抜き編みとじ かぎ針を使って編みながらとじる方法です。

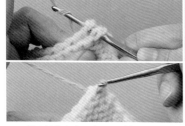  

1 編み地を中表に合わせ、端から1段目（1目め）と2段目（2目め）の間にかぎ針を入れて糸をかけて引き抜きます。

2 隣の目にかぎ針を入れ、同様に糸をかけて**1**で引き抜いた目も一緒に引き抜きます。

3 これをくり返して編みとじます。

クンスト編みの目の拾い方　中心から増し目をしながら目数を増やして放射状に編みます。中心の目の拾い方を解説します。

1 糸で輪を作ります。

2 輪にかぎ針を通し、糸玉側の糸を引っかけて引き抜きます。

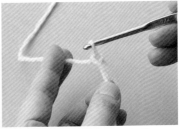

3 さらにもう一度糸をかけて引き抜きます。これで1目できました。

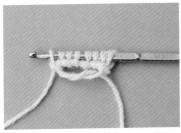

4 輪に通して糸を引き抜き、もう一度かけて引き抜くことをくり返して8目作ります。

5 8目を棒針3本に3、3、2目に分けます。

6 4本目の針を入れて輪に編んでいきます。あとは編み図どおりにねじり増し目をしながら編みます。

アイコードの編み方　アイコードとはニットのひものこと。簡単にふっくらとしたひもが編めます。

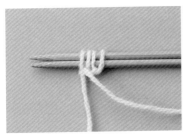

1 51ページを参照して棒針で4目作ります。

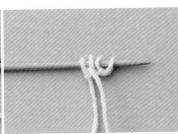

2 棒針を1本抜き、編み始めます。

3 表目で4目編みます。

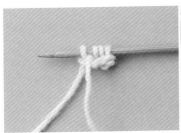

4 編めたらそのまま編み地を右側に移動します。

5 3段目を同様に編みます。表だけを見ながら編みます。

6 4目編んだら棒針の右側に編み地を移動して編むことをくり返すとひも状になります。好みの長さまで編みます。

14ページのクロネコハンドウォーマー、28ページのおにぎり弁当ミトン、40ページの夜のドライブミトンも
基本的な親指の編み方は同じです。

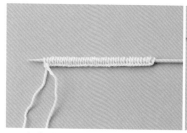

1 左手を編みます。51ページを参照して
44目作り目をします。

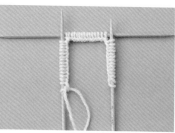

2 3本の棒針に15、15、14に分けま
す。これが1段目です。

3 2段目を編みます。4本目の針を入れて
1目ゴム編みをします。輪編みなので、
表を見ながら編み図記号どおりに編み
ます。

4 1目ゴム編みを10段、表目でライトブ
ルーの糸で編み込みをしながら16段
編みます。

5 17段目は親指の別糸を編み込む38目
まで編み図どおりに編みます。右手の
場合は22目までです。

6 別糸をつけて6目編みます。別糸は少
し残してカットします。

7 別糸で編んだ6目を左の針に移しま
す。

8 移した別糸の上から編み図どおりに続
きを編みます。

9 そのまま編み図どおりに23段編み、編
み込みの配色糸は端を10cmほど残し
てカットします。

10 52段目から指先の減らし目をします。
表目で1目編み、次に右上2目一度を
編みます。続けて16目を表目で編みま
す。

11 次に左上2目一度を編みます。2目一
緒に針を入れて糸をかけて編みます。

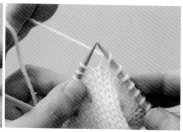

12 2目表目を編み、編み図のように右上2
目一度、表編み、左上2目一度をして編
みます。

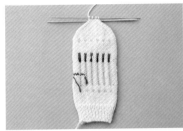

13 図を参照に減らし目をしながら10段（62段目）編みます。最後に8目が残りました。

14 糸端を10cmほど残してカットし、とじ針に糸を通します。とじ針を8目に順番に通して針を抜きます。

15 8目すべてに2周通します。

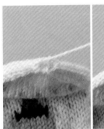

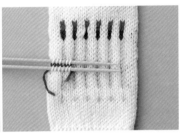

16 糸端を引いて引き締め、頂点の穴にとじ針を入れて裏に出します。

17 裏の編み目にくぐらせて糸始末をします。

18 親指を編みます。別糸の上下とも各6目を拾ってそれぞれ棒針に通します。別糸の編み目に別の棒針を入れて、糸を抜きます。

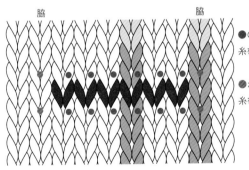

脇　　　　　　　　脇

●の目を拾い、
糸をつけて編む

●から針を入れて
糸を引き出す

19 拾った目を編みます。ホワイトの糸を新しくつけ、下の6目から3本目の棒針で表目で編み始めます。

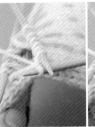

20 端まで6目編んだら、脇の目を拾います。脇の3目のいちばん下に棒針を入れます。

21 棒針に糸をかけて目の間から引き出し、下の棒針にかけます。

22 同様に脇の3目のいちばん上に棒針を入れます。

23 棒針に糸をかけて目の間から引き出し、同様に下の棒針にかけます。

24 上の6目を表目で編みます。

25 上の6目を編んだら、脇の目を拾います。3目のいちばん上と下の目に棒針を入れて糸をかけ、引き出します。上の棒針にかけます。

26 これで16目を拾ったことになります。そのまま下の棒針の8目を表目で編みます。上8目も同様です。

27 上8目、下8目を18段編み、親指の形になってきました。

28 減らし目をせずに、そのまま先を引き絞ります。糸を10cmほど残してカットし、とじ針に通して目に通します。2周通したら糸を引き絞ります。

29 頂点の穴から裏にとじ針を出し、糸始末をすれば完成です。右手は親指の位置を対象にして編みます。

後からとじたりせずに編みながらかかとを作ります。
45ページのミモザソックスのかかとも同じ編み方です。

1 パンダの編み込み部分を39段目まで輪に編みます。糸をかえてかかと部分を往復に編みます。かかとが16段編めました。

2 編み込み部分は24目に糸を通して休み目をしておきます。

3 次にかかとの底を編みます。かかとの底1段目（17段目）は17目まで編み図どおりにすべり目をしながら編みます。

4 次に右上2目一度を編みます。

5 編み地を裏に返します。

6 2段目の最初はすべり目をします。

7 続けて10目裏目で編みます。

8 次に左上2目一度を裏目で編みます。2目一緒に針を入れて糸をかけて編みます。

9 表に返してすべり目をし、続けて編み図のように編んでいきます。

10 かかとの底を12段目まで編みました。

11 次に底・甲を編みます。底・甲の1段目はすべり目をして12目編みます。

12 かかとの脇から目を拾います。脇の1目めにかぎ針を入れ、糸をつけて目の間から引き抜きます。

13 引き抜いた目を棒針に移し替えます。

14 これをくり返してかかとの脇から8目拾います。24目の休み目に棒針を通しておきます。

15 次に目と目の間の渡り糸を拾い、ねじり増し目をします。

16 続けて休み目を編み図どおりに編み、反対側のかかとの手前まで編みます。

17 15と同様に渡り目を拾い、ねじり増し目をします。

18 ねじり増し目ができました。

19 12と同様にかかとの脇から目を拾います。

20 かかとの脇から8目拾いました。これでソックスのかかとが編めました。

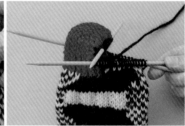

21 ここからは輪にして減らし目をしながら編み図どおりに編みます。

編み方

- 図中の数字の単位はcmです。
- 作品の出来上がりは、図の寸法と差の出ることがあります。
- 糸はメーカー名、商品名、色名、色番号、必要量の順に表記しています。
- ゲージは10cm四方の中の目数と段数をあらわしています。
- 輪に編むときは、4本針か輪針のどちらでもかまいません。
- 材料は足りる分量を表記していますが、少し多めの分量をご用意ください。ソックスなどは一足分、ミトンなどは一組分です。
- 編み込みは糸の引き加減に注意して編んでください。裏で糸が引きつれたりゆるすぎたりしないように、糸の引き加減を一定にします。慣れるまで裏を確かめながら、何度も編んでみてください。

12page アシカクッション

材料と用具

▶糸
DARUMA　ダルシャン並太　ブルー(12) 44g
グレー(52) 5.5g　ホワイト(25) 4g　レッド(18) 1g
イエロー(5) 1g
刺繍用ブラック(20)少量
直径5～6cmポンポン用レッド(18)、イエロー(5)
各10g
▶針
8号棒針2本　とじ針
▶その他
手芸綿適宜

出来上がりサイズ　18×29cm

ゲージ　10cm四方で17目×23段

編み方

1. 作り目を52目作り、図を参照して編み込み模様を編む。
2. 84段編み終わったら伏せどめをし、アシカの目の部分を刺繍する。
3. 外表に半分にたたむ。
4. 両脇をそれぞれ1段ずつすくいとじをする。
5. 内側に綿を詰めて作り目と伏せ目をメリヤスはぎにする。
6. ポンポンを作り、本体の角の4か所につける。

製図

出来上がり

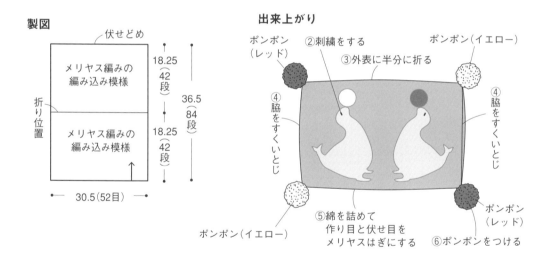

ポンポンの作り方

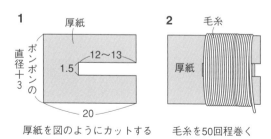

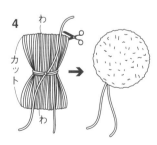

1. 厚紙を図のようにカットする
2. 毛糸を50回程巻く
3. 長さ20cm程の別糸を厚紙の溝に通して中心を結び、厚紙から外す
4. 輪をカットし、中心を結んだ別糸を切らないように注意して球に形を整える

編み図

刺繍

1段目スタート

記号 ┌ □ = □ 表目
     └ ● = 伏せどめ

配色 ┌ ▨ = ブルー
     │ ▢ = グレー
     │ ▨ = 左／イエロー　右／レッド
     └ □ = ホワイト

※目はブラックで刺繍をする

13page　ウサギポシェット

材料と用具

▶糸
DARUMA　やわらかラム2本取り　カナリヤ（33）31g
きなり（2）18g
刺繍用キャロット（26）、ターコイズグリーン（41）各少量
直径5〜6cmポンポン用きなり（2）10g
刺繍用好みのブラウン、薄ピンク各少量
▶針
9号棒針2本　とじ針
▶その他
中袋用布20×45cm

出来上がりサイズ　20×15cm　肩ひも長さ90cm

ゲージ　10cm四方で17目×21段

編み方

1. 作り目を27目作り、図を参照して編み込み模様を編む。
2. 85段編み終わったら伏せどめをする。
3. 外表に半分に折る。
4. 両脇を1段ずつすくいとじをする。
5. 顔とにんじんを刺繍する。
6. ポンポンを作り（66ページ参照）、後ろ側に縫いつける。
7. 肩ひものアイコードを作る（59ページ参照）。作り目を4目作り、178段編む。
8. 本体の両脇にコードを縫いつける。
9. 中袋を作って本体の内側に入れ、口をまつる。

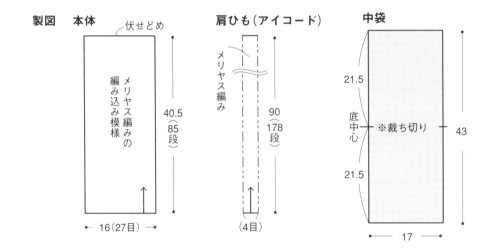

製図　本体

伏せどめ

メリヤス編みの編み込み模様

40.5（85段）

←　16（27目）　→

肩ひも（アイコード）

メリヤス編み

90（178段）

（4目）

中袋

21.5

底中心

※裁ち切り

21.5

43

17

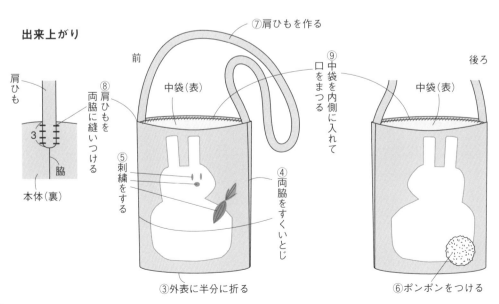

出来上がり

⑦肩ひもを作る

前

肩ひも

⑧肩ひもを両脇に縫いつける

3

脇

本体（裏）

中袋（表）

⑤刺繍をする

④両脇をすくいとじ

③外表に半分に折る

⑨中袋を内側に入れて口をまつる

後ろ

中袋（表）

⑥ポンポンをつける

編み図

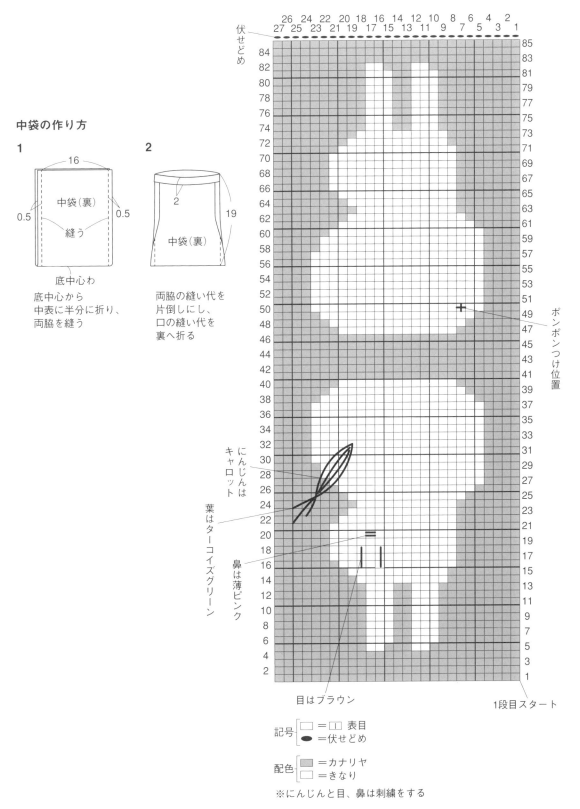

中袋の作り方

1

中袋（裏）

縫う

16

0.5　0.5

底中心わ

底中心から
中表に半分に折り、
両脇を縫う

2

中袋（裏）

2

19

両脇の縫い代を
片倒しにし、
口の縫い代を
裏へ折る

伏せどめ

85
84 83
82 81
80 79
78 77
76 75
74 73
72 71
70 69
68 67
66 65
64 63
62 61
60 59
58 57
56 55
54 53
52 51
50 49
48 47
46 45
44 43
42 41
40 39
38 37
36 35
34 33
32 31
30 29
28 27
26 25
24 23
22 21
20 19
18 17
16 15
14 13
12 11
10 9
8 7
6 5
4 3
2 1

27 26 25 24 23 22 21 20 19 18 17 16 15 14 13 12 11 10 9 8 7 6 5 4 3 2 1

ポンポンつけ位置

にんじんはキャロット

葉はターコイズグリーン

鼻は薄ピンク

目はブラウン

1段目スタート

記号　□＝□ 表目
　　　●＝伏せどめ

配色　▨＝カナリヤ
　　　□＝きなり

※にんじんと目、鼻は刺繍をする

材料と用具

▶糸
アヴリル　ワッフル　レッド (26) 22g
ブラック (24) 22g
アヴリル　ウールリリヤーン　レモンイエロー (176) 1g
ひげ用好みのイエロー少量
▶針
8号棒針4本　とじ針
▶その他
直径1cmボタン4個

出来上がりサイズ　手のひら周り21cm　長さ14cm

ゲージ　10cm四方で19目×24段

編み方

1. 作り目を40目作り、輪にして1目ゴム編みで10段まで編む。
2. 11段目から糸の色を変えてネコの模様をメリヤス編みで20段目20目まで編む（左手は34目まで編む）。
3. 6目別糸を編み入れ（親指の編み方は60ページ参照）、その目を再度左の針に戻し、別糸の上を続けて30段目まで編み進める。
4. 31段目から1目ゴム編みを5段編み、前段と同じ編み目で伏せどめをする。
5. 親指部分を作る。上下の目に分けて2本の針で目を拾い、別糸を抜く。両端の渡り目から2目ずつ拾って16目にし、輪にしてメリヤス編みを9段編んで伏せどめをする。
6. 目つけ位置にボタンを縫いつけ、ひげを編み目に結びつける。

製図

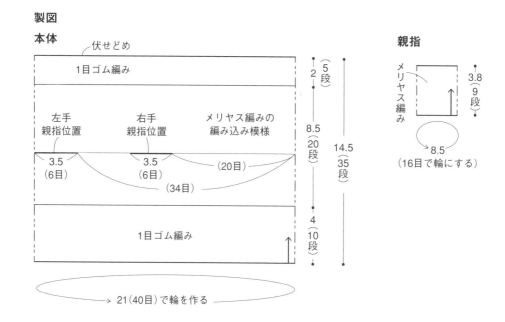

本体

伏せどめ
1目ゴム編み
左手親指位置　右手親指位置　メリヤス編みの編み込み模様
3.5 (6目)　3.5 (6目)　(20目)
(34目)
1目ゴム編み
5段2　8.5 (20段)　14.5 (35段)　4 (10段)
→ 21 (40目) で輪を作る

親指
メリヤス編み
3.8 (9段)
8.5 (16目で輪にする)

出来上がり

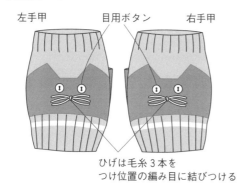

左手甲　目用ボタン　右手甲

ひげは毛糸3本を
つけ位置の編み目に結びつける

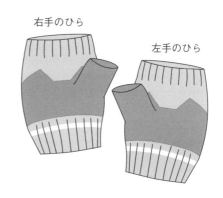

右手のひら

左手のひら

編み図
本体

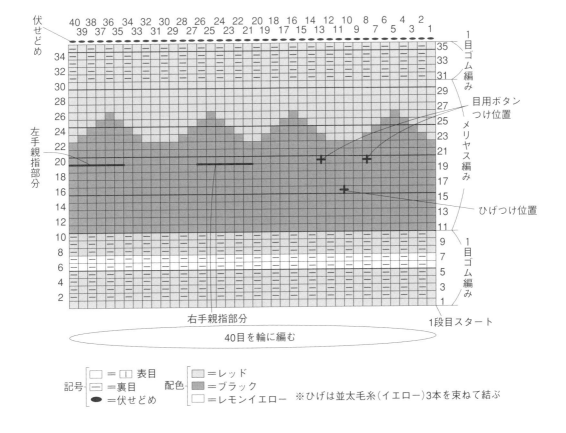

1目ゴム編み

メリヤス編み

1目ゴム編み

目用ボタンつけ位置

ひげつけ位置

1段目スタート

40目を輪に編む

右手親指部分

左手親指部分

伏せどめ

記号 ⎡ □ = Ⅰ 表目
    ⎢ ⊟ =裏目
    ⎣ ● =伏せどめ

配色 ⎡ =レッド
    ⎢ =ブラック
    ⎣ =レモンイエロー

※ひげは並太毛糸(イエロー)3本を束ねて結ぶ

親指(メリヤス編み)

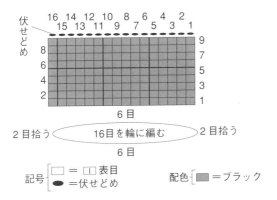

6目

16目を輪に編む

2目拾う　　　　　　　　　　　　2目拾う

6目

記号 ⎡ □ = Ⅰ 表目
    ⎣ ● =伏せどめ

配色 ⎡ =ブラック

15page　パンダソックス

材料と用具

▶糸

DARUMA　ダルシャンウール並太　ブラック（115）57g

ホワイト（101）20g　レッド（112）20g

▶針

7号棒針4本　とじ針

出来上がりサイズ　はき丈18cm　足の甲周り21cm

底丈23cm

ゲージ　10cm四方で24目×25段

編み方　※かかとの編み方は63ページ参照。

1. 作り目を48目作り、輪にして1目ゴム編みではき口を9段まで編む。
2. 糸の色を変えて図を参照して編み込み模様を30段編む（39段目まで）。
3. 39段目の36目まで編み、糸の色を変えてかかとを往復編みで16段編む。
4. かかと底を往復編みで減らし目をしながら12段編む。
5. かかとの段から拾い目をしながら底・甲を輪に編む。
6. つま先は図を参照して減らし目をしながら編み、残りの目をメリヤスはぎで合わせる。

製図

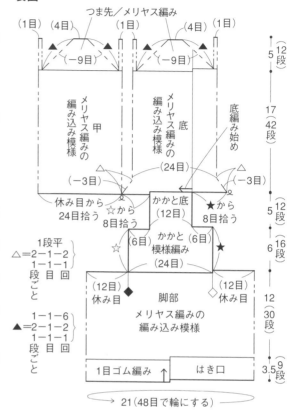

編み図　本体／はき口～脚部

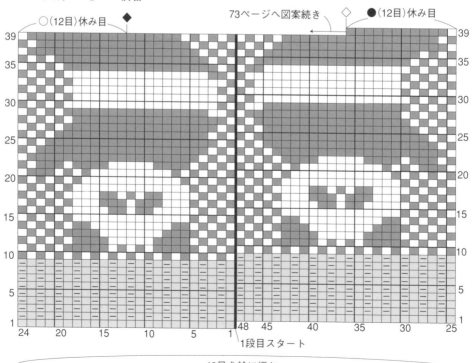

73ページへ図案続き

出来上がり

編み図　本体／かかと～つま先

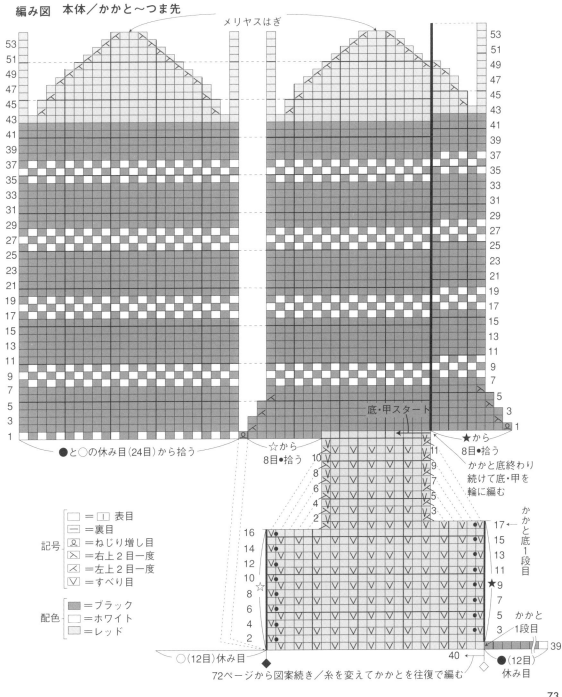

メリヤスはぎ

●と○の休み目（24目）から拾う

☆から
8目●拾う

底・甲スタート

★から
8目●拾う

かかとと底終わり
続けて底・甲を
輪に編む

かかと底1段目

かかと底1段目

かかと
1段目

記号
- □=① 表目
- 一=裏目
- ☑=ねじり増し目
- ☒=右上2目一度
- ☒=左上2目一度
- ☑=すべり目

配色
- ■=ブラック
- □=ホワイト
- ■=レッド

○（12目）休み目

◆
72ページから図案続き／糸を変えてかかとを往復で編む

●（12目）
休み目

材料と用具

▶糸
DARUMA　やわらかラム2本取り　きなり (2) 43g
ウォーターブルー (10) 21g　アプリコット (5) 6g
刺繍用カナリヤ (33) 少量
▶針
9号輪針　とじ針

出来上がりサイズ　長さ (周囲) 58cm　高さ18cm

ゲージ　10cm四方で20.5目×25段

編み方

1. 糸を2本取りにして作り目を120目作り、輪にして1目ゴム編みで1段、糸の色を変えて6段まで編む。
2. 7段目から図を参照して編み込み模様を33段編む。
3. 40段目から1目ゴム編みを4段編み、糸の色を変えて1段編む。
4. 前段と同じ編み目で伏せどめをする。
5. くちばしをメリヤス刺繍する。

記号　□＝□ 表目　−＝□ 裏目　●＝伏せどめ
配色　□＝きなり　＝アプリコット　＝ウォーターブルー　＝カナリヤ

編み図

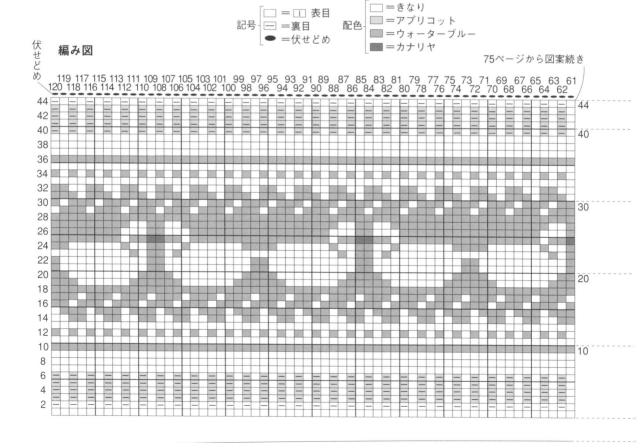

75ページから図案続き

120目を輪に編む

製図

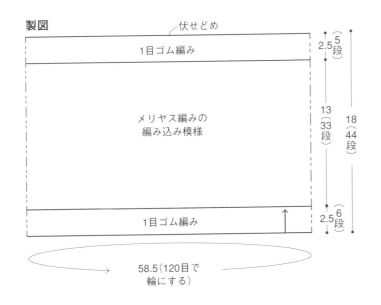

伏せどめ

1目ゴム編み

メリヤス編みの
編み込み模様

1目ゴム編み

2.5（5段）

13（33段）

18（44段）

2.5（6段）

58.5（120目で
輪にする）

出来上がり

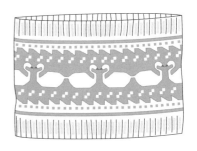

メリヤス刺繍

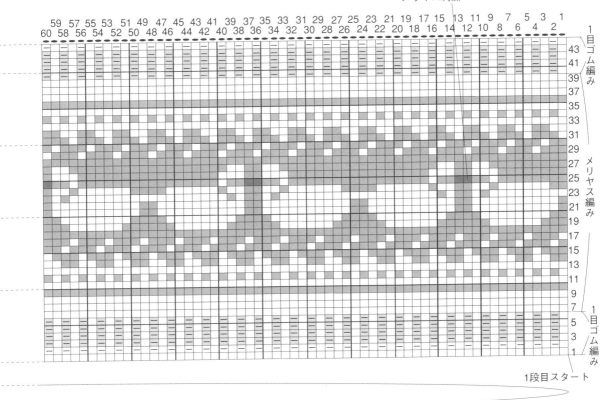

59 57 55 53 51 49 47 45 43 41 39 37 35 33 31 29 27 25 23 21 19 17 15 13 11 9 7 5 3 1
60 58 56 54 52 50 48 46 44 42 40 38 36 34 32 30 28 26 24 22 20 18 16 14 12 10 8 6 4 2

43 41 39 37 35 33 31 29 27 25 23 21 19 17 15 13 11 9 7 5 3 1

1目ゴム編み

メリヤス編み

1目ゴム編み

1段目スタート

材料と用具

▶糸

DARUMA　手つむぎ風タム糸　ペパーミント（19）73g
きなり（1）31g　ダークネイビー（14）30g
タッセル、刺繍用ミモザ（15）20g

▶針

11号棒針2本または11号輪針80cm〜100cm　とじ針

出来上がりサイズ　12×101cm

ゲージ　10cm四方で17目×20段

編み方

1. 作り目を174目作り、図を参照して編み込み模様を
   50段編んで伏せどめをする。
2. ペンギンのくちばしと足を刺繍する。
3. 外表に横半分に折る。
4. 両端をすくいとじをする。
5. 作り目と伏せ目を合わせて表からなみ縫いをする。
6. タッセルを作り、形を整えて四隅につける。

製図

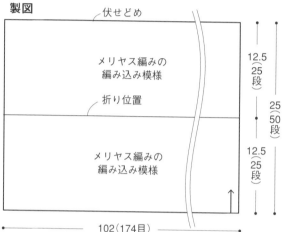

伏せどめ

メリヤス編みの
編み込み模様

折り位置

メリヤス編みの
編み込み模様

12.5
（25
段）

25
（50
段）

12.5
（25
段）

102（174目）

出来上がり

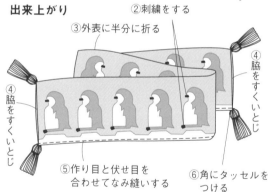

③外表に半分に折る

②刺繍をする

④脇をすくいとじ

④脇をすくいとじ

⑤作り目と伏せ目を
合わせてなみ縫いする

⑥角にタッセルを
つける

タッセルの作り方

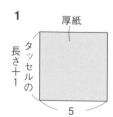

1
厚紙
タッセルの長さ＋1
5
厚紙を図のようにカットする

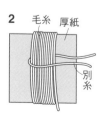

2
毛糸　厚紙
別糸
毛糸を15回ほど巻き、
長さ20cm程の別糸を通す

3
別糸
わ
別糸を上部で固く結んで
厚紙からはずし、
下部の輪をカットする

4
上部の別糸で本体につける
1.5
3
別糸で結ぶ
別糸で上から1.5cm程
下を結び、下部を
切り揃える

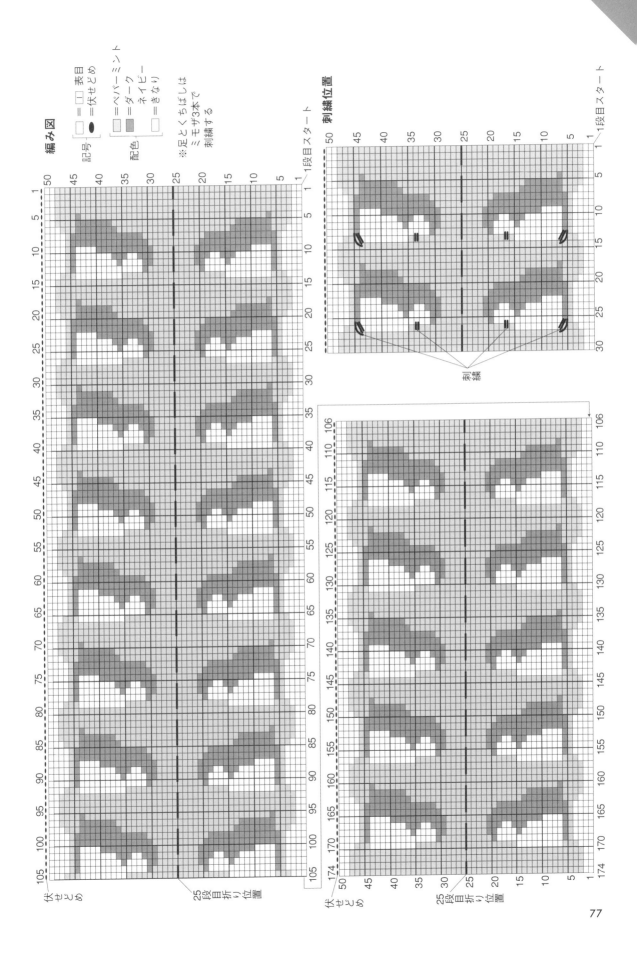

編み図

記号 ＝ □ 表目
　　　 ● ＝伏せどめ

配色 ＝ヘパーミント
　　　 ＝ダーク
　　　 　　ネイビー
　　　 ＝きなり

※足とくちばしは
　ミモザ3本で
　刺繍する

刺繍位置

刺繍

1段目スタート

伏せどめ

25段目折り位置

材料と用具

▶糸

DARUMA　原毛に近いメリノウール　キャメル（17）24g
ネイビー（14）14g
刺繍用好みのブラウン少量

▶針

6号棒針4本　とじ針

出来上がりサイズ　手のひら周り20cm　長さ22cm

ゲージ　10cm四方で22目×30段

編み方

1. 作り目を44目作り、輪にして1目ゴム編みで6段まで編む。
2. 7段目からメリヤス編みで9段編み、16段目を21目まで編む。
3. ねじり増し目をして22、23目を編み、再度ねじり増し目をする。親指部分を増し目をしながら10段編む。
4. 親指部分が編み終わったら、休み目をして、増し目を2目し、続けて模様を編む。
5. 58段目から図を参照して減らし目をしながら指先部分を編み、残りの12目を絞って仕上げる。
6. 親指は、3本の針に目を分ける。糸をつけて12目編み、本体（増し目をしたところ）から2目拾い、14目輪にして17段編む。14目を絞って仕上げる。
7. 目と鼻を刺繍する。

製図

本体

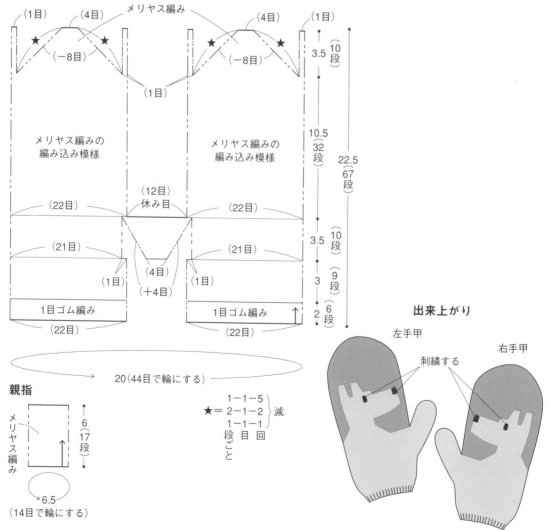

（1目）　（4目）　メリヤス編み　（4目）　（1目）

★　★　★　★

（−8目）　（−8目）　3.5 / 10段

（1目）

メリヤス編みの編み込み模様　メリヤス編みの編み込み模様

10.5（32段）　22.5（67段）

（22目）　（12目）休み目　（22目）

（21目）　（21目）　3.5 / 10段

（1目）　（4目）　（1目）　3（9段）

（+4目）

1目ゴム編み　1目ゴム編み　2（6段）

（22目）　（22目）

20（44目で輪にする）

親指

メリヤス編み　6（17段）

6.5

（14目で輪にする）

★ = 1−1−5
2−1−2　減
1−1−1
段目回

出来上がり

左手甲　右手甲

刺繍する

編み図

本体

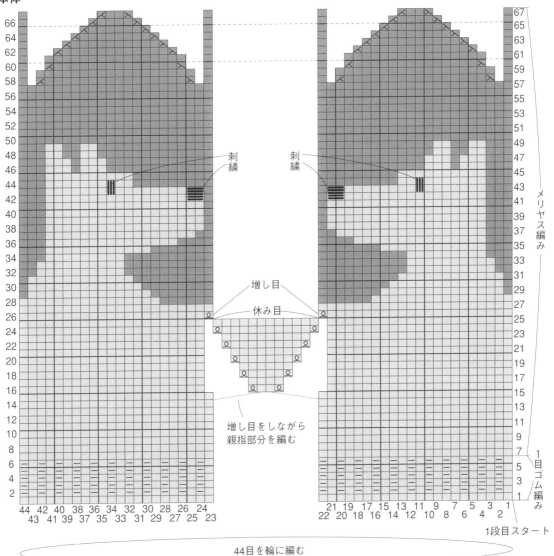

刺繍

刺繍

増し目
休み目

増し目をしながら
親指部分を編む

44目を輪に編む

1段目スタート

44 42 40 38 36 34 32 30 28 26 24
43 41 39 37 35 33 31 29 27 25 23

22 20 18 16 14 12 10 8 6 4 2
21 19 17 15 13 11 9 7 5 3 1

メリヤス編み

1目ゴム編み

親指（メリヤス編み）

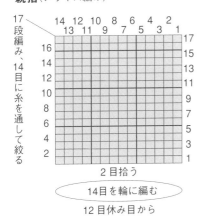

17段編み、14目に糸を通して絞る

14 12 10 8 6 4 2
13 11 9 7 5 3 1

2目拾う

14目を輪に編む

12目休み目から

記号
	=	表目
	=	裏目
Q	=	ねじり増し目
⋋	=	右上2目一度
⋌	=	左上2目一度

配色
	= キャメル
	= ネイビー

※目と鼻はブラウンで刺繍をする

26page　イチゴきんちゃくバッグ

材料と用具

▶糸
アヴリル　ワッフル　サーモン(02) 58g
アヴリル　ウールリリヤーン　ストロベリー(175) 10g
刺繍用DARUMA　やわらかラム
ターコイズグリーン(41) 2本取り少量
刺繍用好みのホワイト少量
▶針
8号棒針2本と4本　とじ針
▶その他
きんちゃくひも用2cm幅平テープ77cm2本
直径1.8cmループエンド2個

出来上がりサイズ　高さ21×底直径18cm

ゲージ　10cm四方で18目×22段

編み方

1. 本体の作り目を67目作り、図を参照して編み込み模様を44段編む。
2. 45段目を32目まで編み、引き返して55段目まで編んで伏せどめをする(33目から67目までは休み目)。
3. 糸をつけて33目から編み始める。55段目まで編み、伏せどめをする。
4. イチゴのヘタをメリヤス刺繍し、イチゴのつぶつぶを刺繍する。
5. 底をクンスト編みで8模様64目20段編み、伏せどめをする。
6. 本体を外表に半分にたたみ、1段目から44段目まですくいとじをする。
7. 底と本体を中表に合わせ、かぎ針で引き抜き編みとじをする。
8. 口折り位置で裏側に折り込んで縫いつけ、ひも通しを作る。
9. 平テープ2本を左右のひも通しから通す。ループエンドを通してひと結びする。

製図

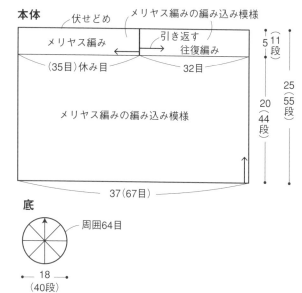

本体

伏せどめ
メリヤス編みの編み込み模様
メリヤス編み
引き返す　往復編み
(35目)休み目　　32目
メリヤス編みの編み込み模様
5　11段
25(55段)
20(44段)
37(67目)

底

周囲64目
18(40段)

出来上がり

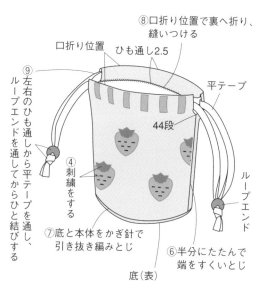

⑧口折り位置で裏へ折り、縫いつける
口折り位置
ひも通し2.5
平テープ
44段
⑨左右のひも通しから平テープを通し、ループエンドを通してからひと結びする
④刺繍をする
ループエンド
⑦底と本体をかぎ針で引き抜き編みとじ
⑥半分にたたんで端をすくいとじ
底(表)

80

底（ワンスト編み）編み図　本体

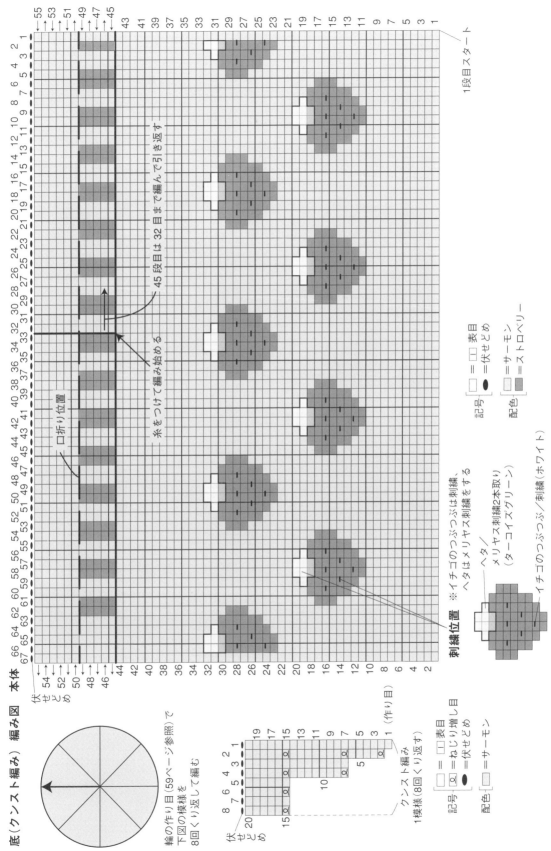

伏せどめ

1段目スタート

※イチゴのつぶつぶは刺繍、
ヘタはメリヤス刺繍をする

記号 [□ = □ 表目
　　　 ● = 伏せどめ]

配色 [□ = サーモン
　　　 □ = ストロベリー]

二□折り位置

糸をつけて編み始める

45段目は32目まで編んで引き返す

輪の作り目（59ページ参照）で
下図の模様を
8回くり返して編む

刺繍位置

ヘタ／
メリヤス刺繍2本取り
（ターコイズグリーン）

イチゴのつぶつぶ／刺繍（ホワイト）

記号 [□ = □ 表目
　　　 Q = ねじり増し目
　　　 ● = 伏せどめ]

配色 [□ = サーモン]

ワンスト編み

1模様（8回くり返す）

伏せどめ

20

15

10

5

1（作り目）

材料と用具

▶糸
アヴリル　ウールリリヤーン　ベビーブルー(178) 48g
DARUMA　ダルシャンウール並太　レッド(112) 3g
グリーン(109) 1g
タッセル用レッド(112)少量
▶針
6号棒針2本　とじ針

出来上がりサイズ　35×75cm

ゲージ　10cm四方で19目×28段

編み方

1. 作り目を3目作り、図を参照して増し目をしながら編み込み模様を98段編む。
2. 伏せどめをする。
3. タッセルを作り(76ページ参照)、作り目の中央につける。

出来上がり

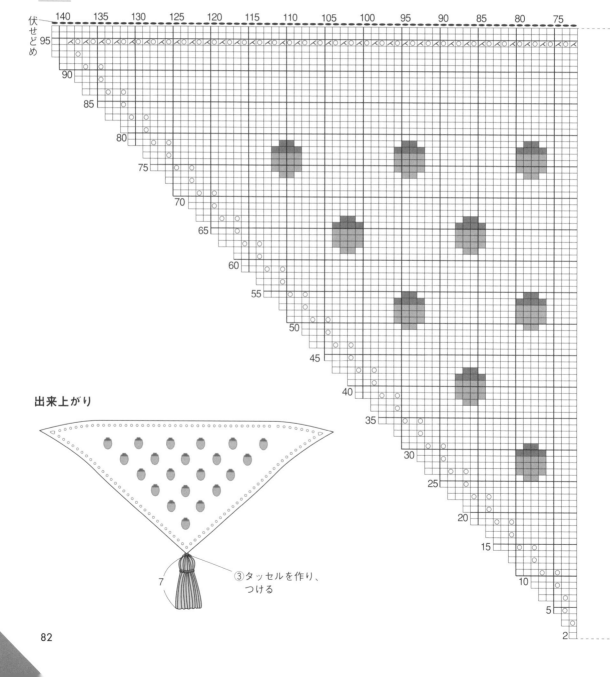

③タッセルを作り、つける

7

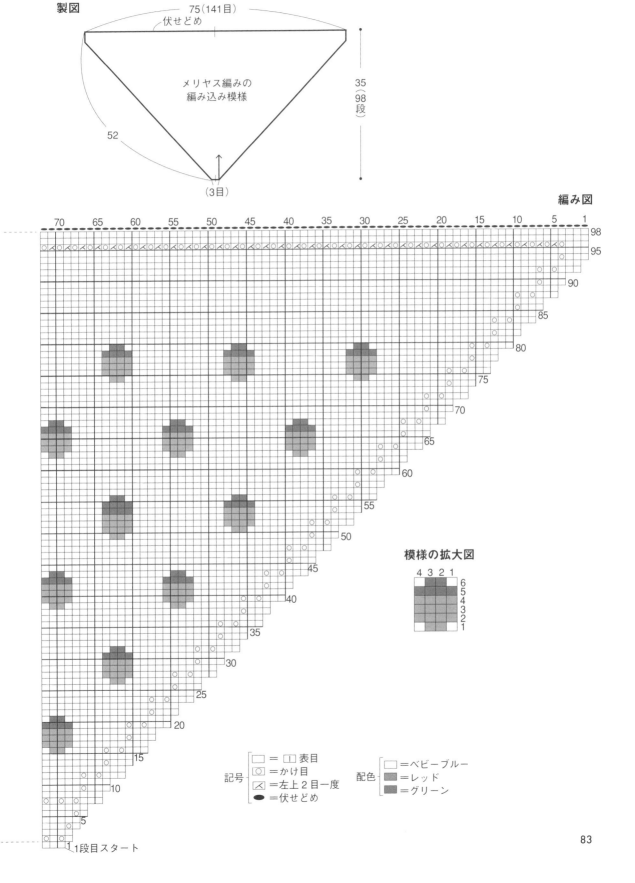

製図

75（141目）
伏せどめ

メリヤス編みの
編み込み模様

52

35
（98段）

（3目）

編み図

70　65　60　55　50　45　40　35　30　25　20　15　10　5　1

98
95

90

85

80

75

70

65

60

55

50

45

40

35

30

25

20

15

10

5

1段目スタート

模様の拡大図

4 3 2 1
6
5
4
3
2
1

記号
☐ = ⊥ 表目
◎ = かけ目
⊠ = 左上2目一度
⬤ = 伏せどめ

配色
☐ =ベビーブルー
▨ =レッド
▩ =グリーン

28page おにぎり弁当ミトン

材料と用具

▶糸
アヴリル　ワッフル　ブラック（24）61g
ミルク（01）6g
アヴリル　ウールリリヤーン　グラスグリーン（177）5g
ストロベリー（175）1g
アヴリル　ラム85　ハニーゴールド（22）3本取り5g
▶針
8号棒針4本　とじ針

出来上がりサイズ　手のひら周り21cm　長さ23cm

ゲージ　10cm四方で20目×24段

編み方

1. 作り目を42目作り、輪にして1目ゴム編みで9段まで編む。
2. 10段目からメリヤス編みで編み込み模様を26段21目まで編む（左手は36目まで編む）。
3. 6目別糸を編み入れ（親指の編み方は60ページ参照）、その目を再度左の針に戻し、別糸の上を続けて47目まで編み進める。
4. 48段目から減らし目をしながら57段まで指先を編む。
5. 編み終わりの10目に糸を通して絞る。
6. 親指部分を作る。上下の目に分けて2本の針で目を拾い、別糸を抜く。両端の渡り目から2目ずつ拾って16目にし、輪にしてメリヤス編みを15段編む。編み終わりの16目に糸を通して絞る。

製図

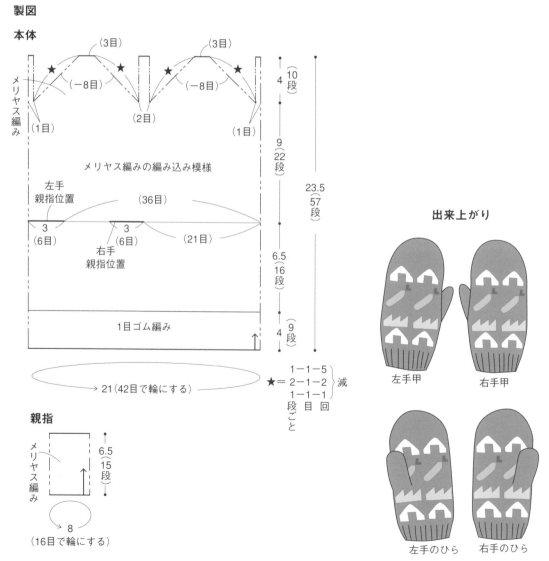

84

編み図
本体

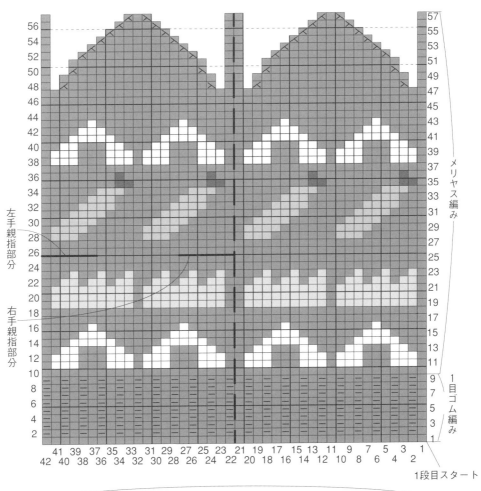

左手親指部分
右手親指部分

メリヤス編み

1目ゴム編み

1段目スタート

42目を輪に編む

親指（メリヤス編み）

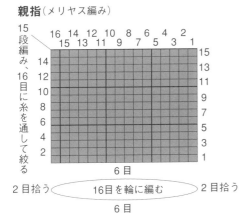

15段編み、16目に糸を通して絞る

6目

2目拾う　16目を輪に編む　2目拾う

6目

記号
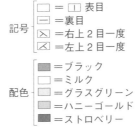

□	= □	表目
⊟	=裏目	
⧅	=右上2目一度	
⧄	=左上2目一度	

配色
■=ブラック
□=ミルク
▨=グラスグリーン
▨=ハニーゴールド
■=ストロベリー

材料と用具

▶糸
DARUMA　ダルシャンウール並太　ホワイト（101）45g
イエロー（106）5g　ライトブルー（105）5g
ブラウン（103）1g　レッド（112）1g
刺繍用ブラウン（103）少量
▶針
6号棒針4本　とじ針

出来上がりサイズ　手のひら周り21cm　長さ23cm

ゲージ　10cm四方で22目×27段

編み方　※作り方は60ページ参照。

1. 作り目を44目作り、輪にして1目ゴム編みで11段まで編む。
2. 12段目からメリヤス編みで編み込み模様を28段22目まで編む（左手は38目まで編む）。
3. 6目別糸を編み入れ、その目を再度左の針に戻し、別糸の上を続けて51段目まで編み進める。
4. 52段目から減らし目をしながら62段まで指先を編む。
5. 編み終わりの8目に糸を通して絞る。
6. 親指部分を作る。上下の目に分けて2本の針で目を拾い、別糸を抜く。両端の渡り目から2目ずつ拾って16目にし、輪にしてメリヤス編みを18段編む。編み終わりの16目に糸を通して絞る。
7. さくらんぼの果柄を刺繍する。

製図

本体

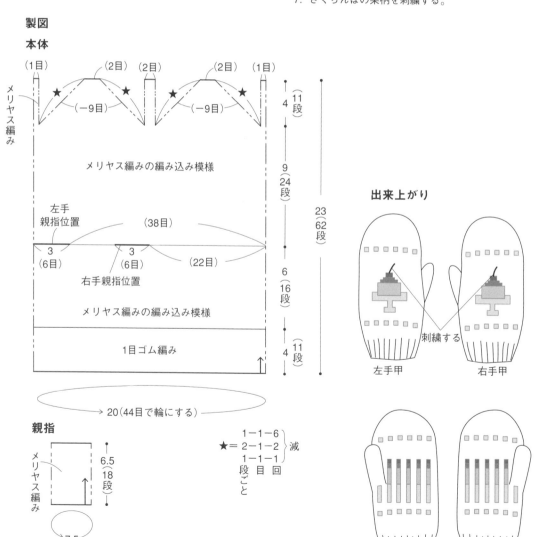

86

編み図
本体

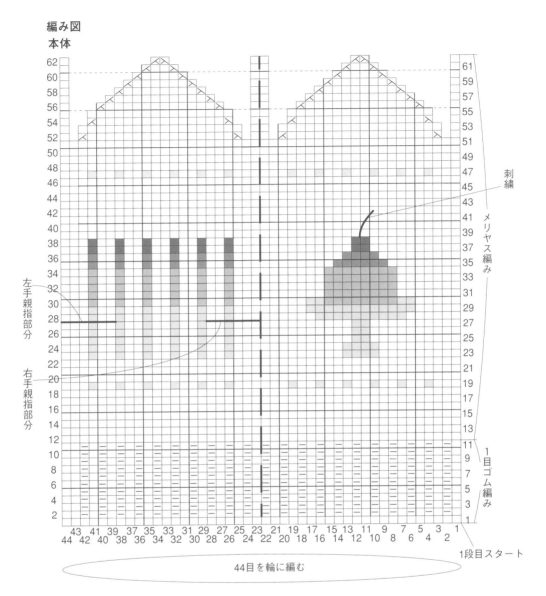

左手親指部分

右手親指部分

刺繍

メリヤス編み

1目ゴム編み

1段目スタート

43 41 39 37 35 33 31 29 27 25 23 21 19 17 15 13 11 9 7 5 3 1
44 42 40 38 36 34 32 30 28 26 24 22 20 18 16 14 12 10 8 6 4 2

44目を輪に編む

61 59 57 55 53 51 49 47 45 43 41 39 37 35 33 31 29 27 25 23 21 19 17 15 13 11 9 7 5 3 1

親指(メリヤス編み)

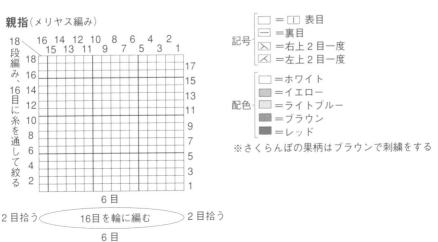

18段編み、16目に糸を通して絞る

6目

2目拾う　16目を輪に編む　2目拾う

6目

記号
- ☐ = ☐ 表目
- ⊟ = 裏目
- ⧅ = 右上2目一度
- ⧄ = 左上2目一度

配色
- ☐ = ホワイト
- ▨ = イエロー
- ▨ = ライトブルー
- ▨ = ブラウン
- ▨ = レッド

※さくらんぼの果柄はブラウンで刺繍をする

材料と用具

▶糸
アヴリル　ワッフル　ミルク（01）52g
キャメル（27）12g
刺繍用アヴリル　ウールリリヤーン
ストロベリー（175）、グラスグリーン（177）各少量
刺繍用アヴリル　ラム85　ブラウン（13）2本取り少量
直径5〜6cmポンポン用好みのレッド10g
▶針
8号輪針　とじ針

出来上がりサイズ　頭周り52cm　高さ21cm

ゲージ　10cm四方で17目×24段

編み方

1. 作り目を88目作り、輪にして13段メリヤス編みで編む。
2. 14段目から図を参照して編み込み模様を38段まで編む。
3. 39段目から減らし目をしながら11段編む。
4. 残りの22目に糸を通して絞る。
5. クッキーの飾りをメリヤス刺繍と刺繍する。
6. ポンポンを作り（66ページ参照）、本体の頂点につける。

製図

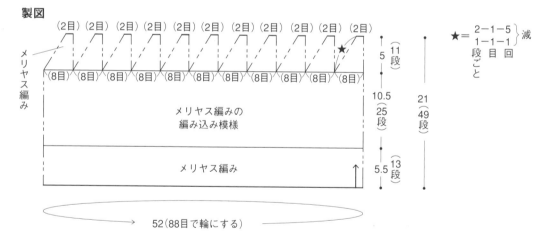

出来上がり

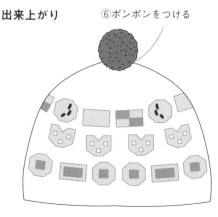

⑥ポンポンをつける

編み図

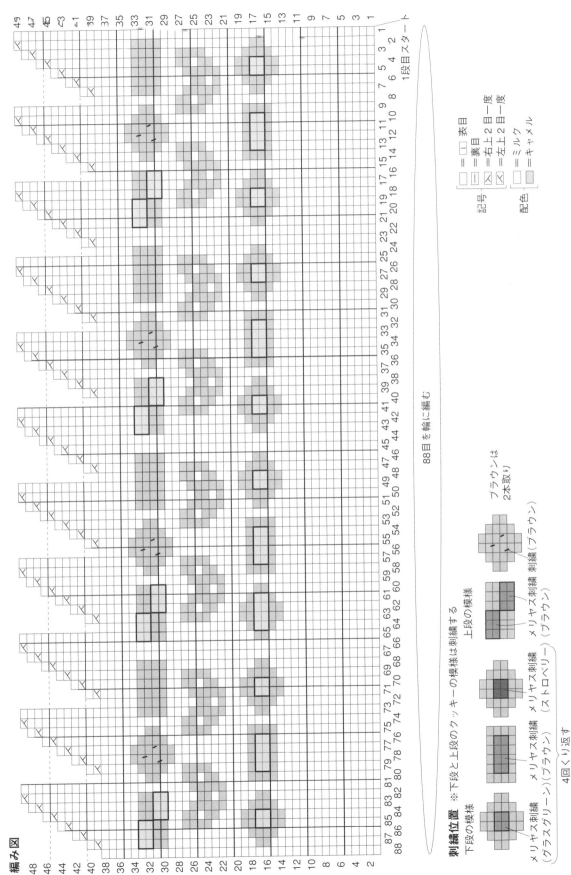

88目を輪に編む

記号　□=|=表目
　　　　=一=裏目
　　　　⊠=右上2目一度
　　　　⊠=左上2目一度
配色　□=ミルク
　　　　■=キャメル

刺繍位置　※下段と上段のクッキーの模様は刺繍する

下段の模様　　　　　　　　　　　上段の模様

ブラウンは
2本取り

メリヤス刺繍　メリヤス刺繍　メリヤス刺繍　刺繍（ブラウン）
（グラスグリーン）（ブラウン）（ストロベリー）　メリヤス刺繍　刺繍（ブラウン）
　　　　　　　　　　　　　　　　　（ブラウン）

4回くり返す

89

31page　にんじんレッグウォーマー

材料と用具

▶糸
DARUMA　ダルシャンウール並太　イエロー(106) 64g
グリーン(109) 7g
DARUMA　原毛に近いメリノウール
キャロット(19) 28g
▶針
6号棒針4本　とじ針

出来上がりサイズ　周囲27cm　長さ30cm

ゲージ　10cm四方で24目×27段

編み方

1. 作り目を64目作り、輪にする。続けてキャロットとイエローの2色を使い、1目ゴム編みを6段まで編む。
2. 7段目から図を参照してメリヤス編みで編み込み模様を73段まで編む。
3. キャロットとイエローの2色を交互に1目ゴム編みを8段編む。続けてキャロットだけで1目ゴム編みを1段編む。
4. 前段と同じ編み目でゆるめに伏せどめをする。

製図

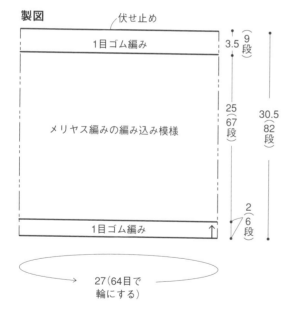

出来上がり

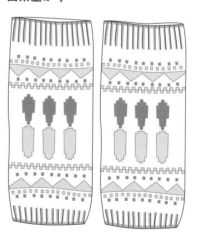

編み図

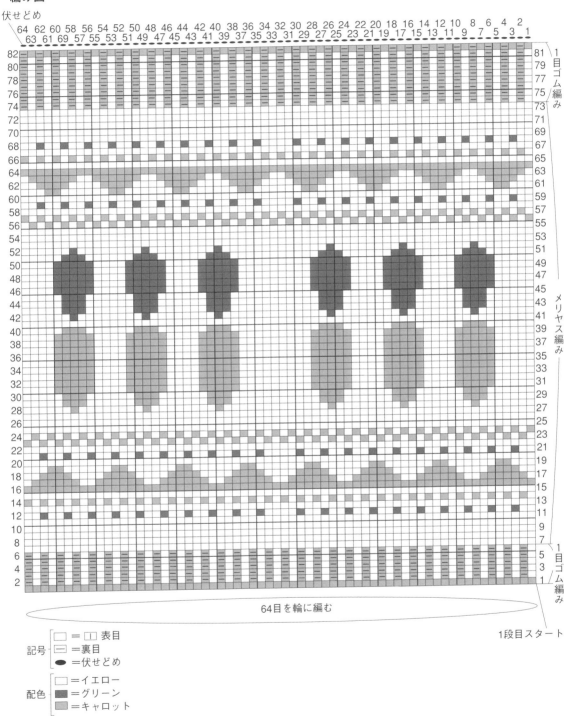

伏せどめ
64 62 60 58 56 54 52 50 48 46 44 42 40 38 36 34 32 30 28 26 24 22 20 18 16 14 12 10 8 6 4 2
63 61 69 57 55 53 51 49 47 45 43 41 39 37 35 33 31 29 27 25 23 21 19 17 15 13 11 9 7 5 3 1

1目ゴム編み

メリヤス編み

1目ゴム編み

64目を輪に編む

1段目スタート

91

32page　ビールコースター　カレーコースター

材料と用具

▶糸

＜ビールコースター＞

DARUMA　ダルシャン毛混並太　イエロー(24) 8g

ネイビー(13) 5g　ホワイト(42) 2g

刺繍用ホワイト(42)少量

＜カレーコースター＞

DARUMA　ダルシャン毛混並太　ブラウン(53) 8g

ピンク(55) 5.5g　グレー(33) 2g　ホワイト(42) 1g

刺繍用ダークグリーン(29)、エンジ(30)各少量

▶針

8号棒針2本　とじ針

出来上がりサイズ　ビール11×12cm　カレー10×

13.5cm

ゲージ　ビール10cm四方で18目×23段　カレー10cm

四方で18目×23段

編み方

1. 作り目をビールは22目、カレーは25目作る。
2. 図を参照してメリヤス編みで編み込み模様をビールは52段、カレーは42段まで編んで伏せどめをする。
3. ビールの泡とカレーの具を好みの位置に刺繍する。
4. 外表に半分に折る。
5. 両脇をすくいとじをする。
6. 作り目と伏せ目をメリヤスはぎにする。

製図

ビール

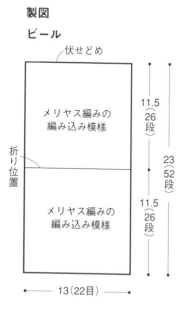

カレー

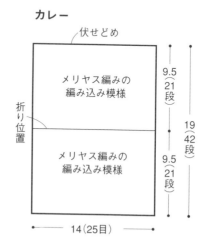

編み図
ビール

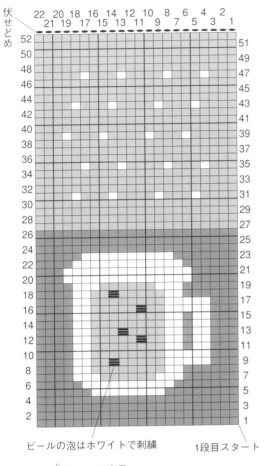

ビールの泡はホワイトで刺繍

1段目スタート

記号 = 表目
 =伏せどめ

配色 ┌ =ネイビー
     │ =イエロー
     └ =ホワイト

出来上がり
ビール

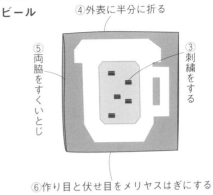

④外表に半分に折る

③刺繍をする

⑤両脇をすくいとじ

⑥作り目と伏せ目をメリヤスはぎにする

編み図
カレー

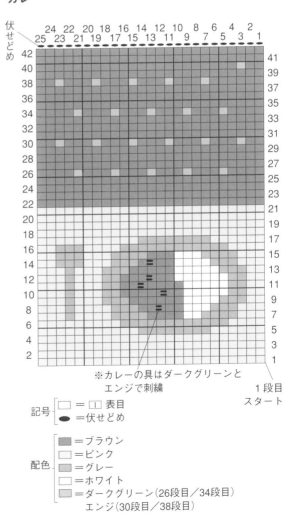

※カレーの具はダークグリーンとエンジで刺繍

1段目スタート

記号 ┌ = 表目
     └ =伏せどめ

配色 ┌ =ブラウン
     │ =ピンク
     │ =グレー
     │ =ホワイト
     └ =ダークグリーン（26段目／34段目）
        エンジ（30段目／38段目）

出来上がり
カレー

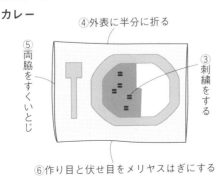

④外表に半分に折る

③刺繍をする

⑤両脇をすくいとじ

⑥作り目と伏せ目をメリヤスはぎにする

材料と用具

▶糸
DARUMA　ダルシャン毛混並太　レッド (5) 31g
クリーム (3) 20g　ホワイト (42) 7g
刺繍用ブラウン (53) 少量
▶針
8号棒針2本　とじ針
▶その他
手芸綿適宜

出来上がりサイズ　23×24cm

ゲージ　10cm四方で20目×24段

編み方

1. 作り目を49目作り、図を参照して編み込み模様を編む（コーヒーとパンの耳、黄身はメリヤス刺繍をするので編み込まない）。
2. 98段編み終わったら伏せどめをし、コーヒーとパンの耳、黄身の部分をメリヤス刺繍する。
3. 外表に半分にたたむ。
4. 両脇をそれぞれ1段ずつすくいとじをする。
5. 内側に綿を詰めて作り目と伏せ目をメリヤスはぎにする。

製図

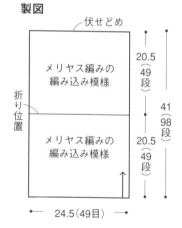

出来上がり

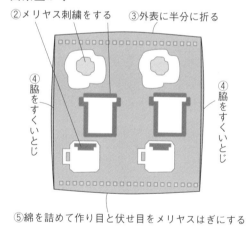

②メリヤス刺繍をする　　③外表に半分に折る
④脇をすくいとじ　　④脇をすくいとじ
⑤綿を詰めて作り目と伏せ目をメリヤスはぎにする

刺繍位置

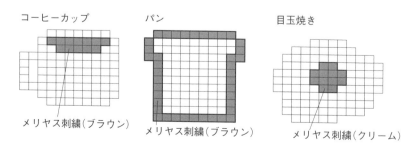

コーヒーカップ　　パン　　目玉焼き
メリヤス刺繍（ブラウン）　メリヤス刺繍（ブラウン）　メリヤス刺繍（クリーム）

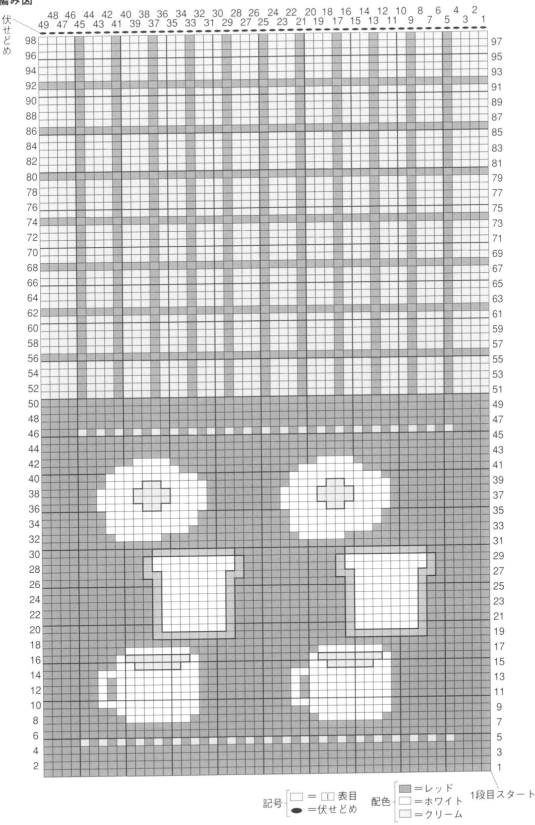

編み図

伏せどめ

48 46 44 42 40 38 36 34 32 30 28 26 24 22 20 18 16 14 12 10 8 6 4 2
49 47 45 43 41 39 37 35 33 31 29 27 25 23 21 19 17 15 13 11 9 7 5 3 1

記号 ［ □ = ⊥ 表目　　配色 ［ ■ =レッド
　　　● =伏せどめ　　　　　　□ =ホワイト
　　　　　　　　　　　　　　　 □ =クリーム

1段目スタート

※刺繍位置を参照して、コーヒーとパンの耳はブラウンで、目玉焼きの黄身はクリームでメリヤス刺繍をする

40page　夜のドライブミトン

材料と用具

▶糸
DARUMA　ダルシャンウール並太　ブラック（115）37g
ブルー（107）25g　レッド（112）3g
刺繍用ライトブルー（105）、レッド（112）、イエロー
（106）、グレー（114）、ホワイト（101）各少量
▶針
6号棒針4本　とじ針

出来上がりサイズ　手のひら周り22cm　長さ21cm

ゲージ　10cm四方で22目×30段

編み方

1. 作り目を48目作り、輪にして1目ゴム編みで9段まで編む。
2. 10段目からメリヤス編みで模様を25段24目まで編む（左手は42目まで編む）。
3. 6目別糸を編み入れ（親指の編み方は60ページ参照）、その目を再度左の針に戻し、別糸の上を続けて51段目まで編み進める。
4. 52段目から減らし目をしながら63段まで指先を編む。
5. 編み終わりの8目に糸を通して絞る。
6. 親指部分を作る。上下の目に分けて2本の針で目を拾い、別糸を抜く。両端の渡り目から2目ずつ拾って16目にし、輪にしてメリヤス編みを17段編む。編み終わりの16目に糸を通して絞る。

製図

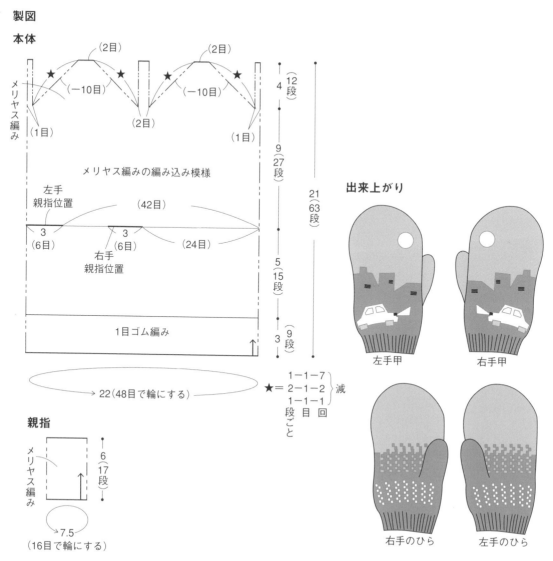

96

編み図　本体（右手側）

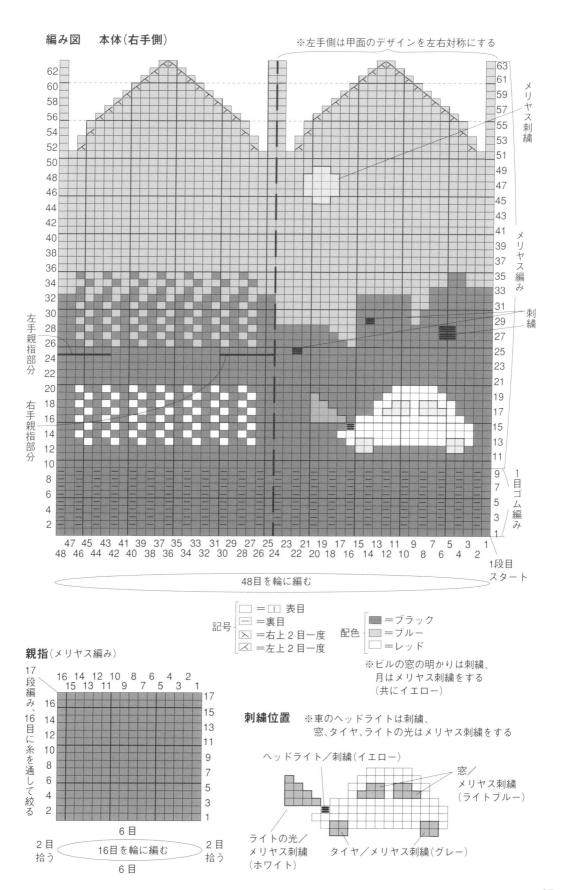

※左手側は甲面のデザインを左右対称にする

メリヤス刺繍

メリヤス編み

1目ゴム編み

1段目スタート

左手親指部分

右手親指部分

48目を輪に編む

刺繍

記号
☐ ＝☐ 表目
― ＝ 裏目
⧄ ＝右上2目一度
⧅ ＝左上2目一度

配色
■ ＝ブラック
▨ ＝ブルー
☐ ＝レッド

※ビルの窓の明かりは刺繍、
　月はメリヤス刺繍をする
　（共にイエロー）

親指（メリヤス編み）

17段編み、16目に糸を通して絞る

6目

16目を輪に編む

2目拾う　　2目拾う

6目

刺繍位置　※車のヘッドライトは刺繍、
　　　　　窓、タイヤ、ライトの光はメリヤス刺繍をする

ヘッドライト／刺繍（イエロー）

窓／
メリヤス刺繍
（ライトブルー）

ライトの光／
メリヤス刺繍
（ホワイト）

タイヤ／メリヤス刺繍（グレー）

42page　三つ編み女の子バッグ

材料と用具

▶糸

DARUMA　ダルシャン並太

グリーン（16）70g　レッド（18）5g　ホワイト（25）2g

ブラウン（49）2g　ベビーピンク（3）2g

刺繍用好みのイエロー、グリーン各少量

▶針

8号棒針2本　とじ針

▶その他

中袋用布（持ち手分含む）50×30cm　手芸綿適宜

出来上がりサイズ　23×24cm　持ち手長さ40cm

ゲージ　10cm四方で17.5目×23段

編み方

1. 作り目を43目作り、図を参照して編み込み模様を編む。
2. 52段編み終わったら伏せどめをして刺繍をする。
3. 後ろも1〜2と同様に作る。
4. 前と後ろを中表に合わせて底をメリヤスはぎにする。
5. 表に返して両脇をすくいとじをする。
6. ブラウンの糸を10cm3本を2組用意し、前のつけ位置の渡り目に通して三つ編みを作る。
7. 中袋を作って本体の内側に入れる。
8. 持ち手を作ってつけ位置に差し込み、中袋の口をまつる。

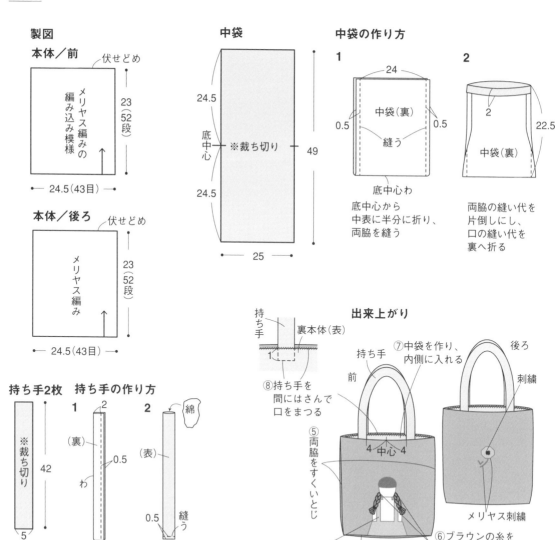

98

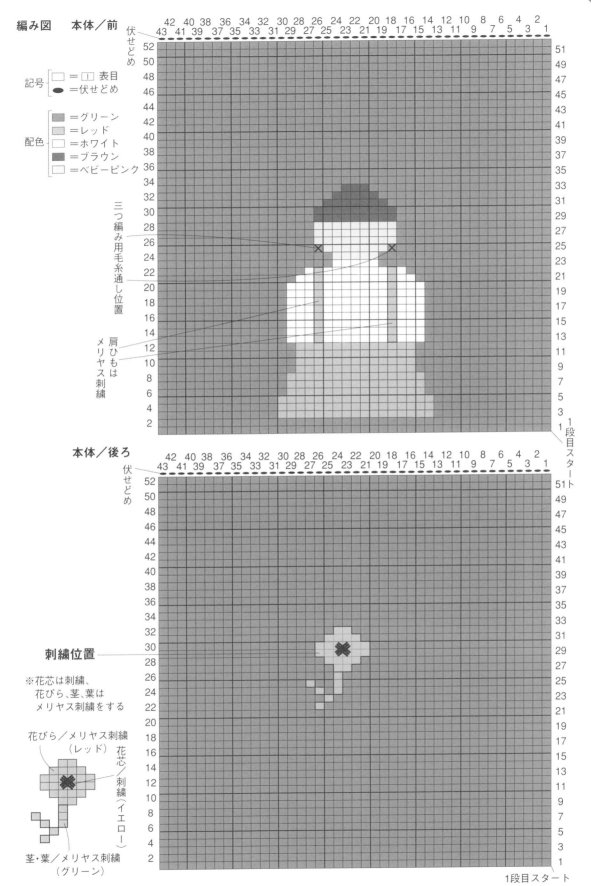

編み図　**本体／前**

伏せどめ

記号 [□ ＝□□ 表目
[● ＝伏せどめ

配色 [＝グリーン
[＝レッド
[＝ホワイト
[＝ブラウン
[＝ベビーピンク

三つ編み用毛糸通し位置

肩ひもはメリヤス刺繍

本体／後ろ

伏せどめ

刺繍位置

※花芯は刺繍、
　花びら、茎、葉は
　メリヤス刺繍をする

花びら／メリヤス刺繍
（レッド）

花芯／刺繍（イエロー）

茎・葉／メリヤス刺繍
（グリーン）

1段目スタート

43page　リボンきんちゃくバッグ

材料と用具

▶糸
アヴリル　ワッフル　ミルク（01）62g
アヴリル　ウールリリヤーン　ストロベリー（175）6g
ベビーブルー（178）3g
▶針
8号棒針2本と4本　とじ針
▶その他
きんちゃくひも用2cm幅平テープ77cm2本
直径1.8cmループエンド2個

出来上がりサイズ　高さ21×底直径18cm

ゲージ　10cm四方で18目×22段

編み方

1. 本体の作り目を67目作り、図を参照して編み込み
   模様を42段編む。
2. 43段目から34目まで編み、引き返して53段目まで
   編んで伏せどめをする（35目から67目までは休み
   目）。
3. 糸をつけて35目から編み始める。53段目まで編み、
   伏せどめをする。
4. 底をクンスト編みで8模様64目20段編み、伏せど
   めをする。
5. 本体を外表に半分にたたみ、1段目から42段目まで
   すくいとじをする。
6. 底と本体を中表に合わせ、かぎ針で引き抜き編みと
   じをする。
7. 口折り位置で裏側に折り込んで縫いつけ、ひも通し
   を作る。
8. 平テープ2本を左右のひも通しから通す。ループエ
   ンドを通してひと結びする。

製図
本体

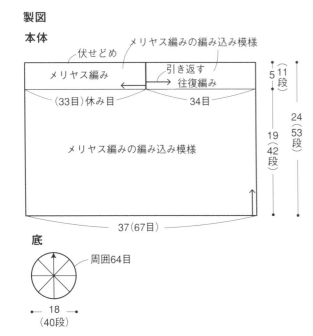

底

出来上がり

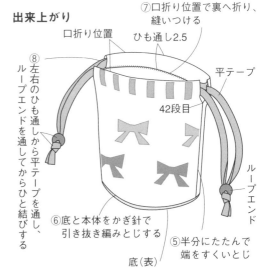

底（ワンスト編み）

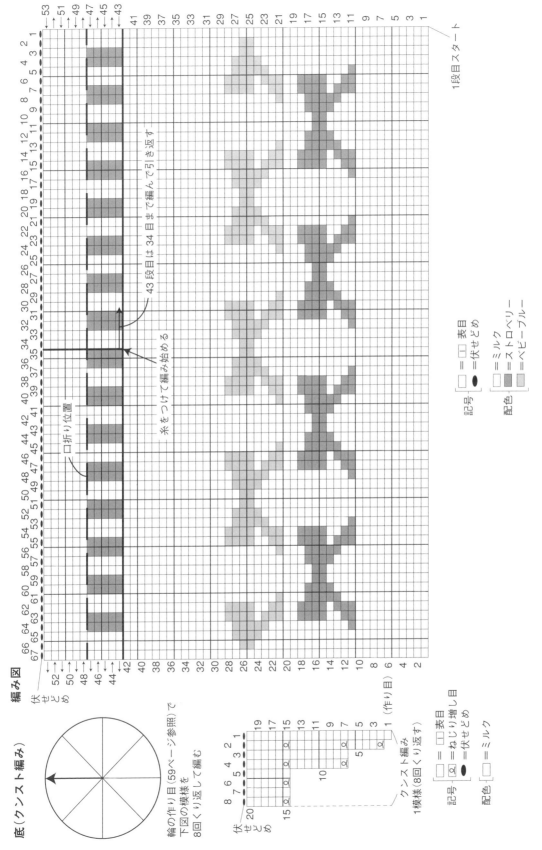

編み図

輪の作り目（59ページ参照）で
下図の模様を
8回くり返して編む

記号 [□ ＝ □ 表目 ／ ＝ 伏せどめ]

配色 [□ ＝ ミルク ／ ＝ ストロベリー ／ ＝ ベビーブルー]

口折り位置

糸をつけて編み始める

43段目は34目まで編んで引き返す

1段目スタート

記号 [□ ＝ □ 表目 ／ 💿 ＝ ねじり増し目 ／ ● ＝ 伏せどめ]

配色 [□ ＝ ミルク]

1模様（8回くり返す）

ワンスト編み

101

材料と用具

▶糸

DARUMA　ダルシャンウール並太　ホワイト（101）42g

イエロー（106）11g　グリーン（109）4g

直径5〜6cmポンポン用イエロー（106）10g

DARUMA　シェットランドウール　ローズピンク（4）5g

▶針

6号輪針　とじ針

編み方

1. 作り目を110目作り、輪にして1目ゴム編みを9段まで編む。

2. 10段目から図を参照して編み込み模様を45段まで編む。

3. 46段目から減らし目をしながら15段編む。

4. 残りの22目に糸を通して絞る。

5. ポンポンを作り（66ページ参照）、本体の頂点につける。

出来上がりサイズ　頭周り48cm　高さ22.5cm

ゲージ　10cm四方で24目×26段

編み図

記号　□ = ① 表目　　配色　□=ホワイト
　　　□ =裏目　　　　　　□=イエロー
　　　⊠ =右上2目1度　　　■=グリーン
　　　⊠ =左上2目1度　　　▨=ローズピンク

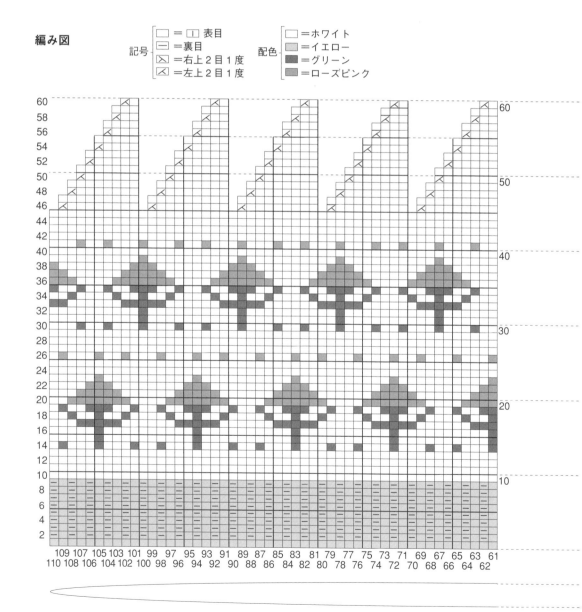

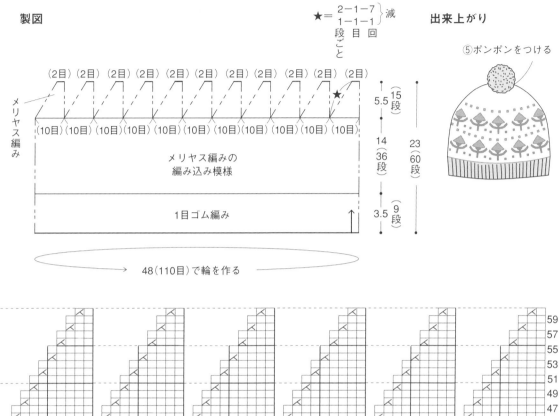

製図

★ = 2−1−7
1−1−1 } 減
段目回ごと

出来上がり

(2目)(2目)(2目)(2目)(2目)(2目)(2目)(2目)(2目)(2目)(2目)

メリヤス編み

(10目)(10目)(10目)(10目)(10目)(10目)(10目)(10目)(10目)(10目)(10目)

メリヤス編みの
編み込み模様

1目ゴム編み

5.5 (15段)

14 (36段)

3.5 (9段)

23 (60段)

⑤ポンポンをつける

48(110目)で輪を作る

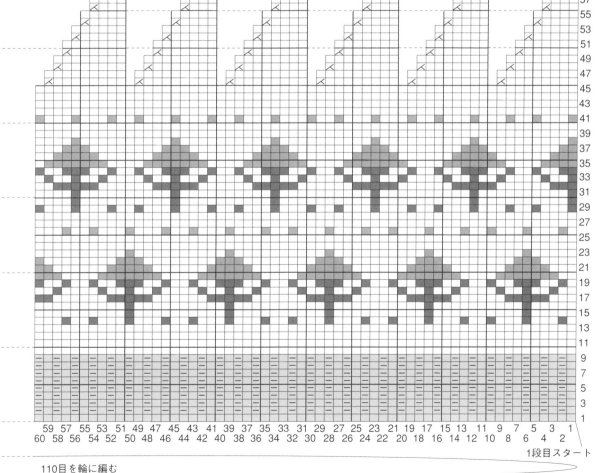

59
57
55
53
51
49
47
45
43
41
39
37
35
33
31
29
27
25
23
21
19
17
15
13
11
9
7
5
3
1

59 57 55 53 51 49 47 45 43 41 39 37 35 33 31 29 27 25 23 21 19 17 15 13 11 9 7 5 3 1
60 58 56 54 52 50 48 46 44 42 40 38 36 34 32 30 28 26 24 22 20 18 16 14 12 10 8 6 4 2

1段目スタート

110目を輪に編む

材料と用具

▶糸
DARUMA　やわらかラム　グレープ(30) 41g
カナリヤ(33) 4g　ターコイズグリーン(41) 3g

▶針
6号棒針4本　とじ針

出来上がりサイズ　はき丈17cm　足の甲周り22.5cm

底丈23cm

ゲージ　10cm四方で23目×32段

編み方

1. 作り目を52目作り、輪にして1目ゴム編みではき口を6段まで編む。
2. 図を参照して編み込み模様を30段まで編む。
3. かかとを往復編みで16段編む。
4. かかと底を往復編みで減らし目をしながら12段編む。
5. かかとの段から拾い目をしながら底・甲を輪に編む。
6. つま先は図を参照して減らし目をしながら編み、残りの目をメリヤスはぎで合わせる。

出来上がり

◆＝ 1段平
2−1−2 }減
1−1−1
段 目 回
ごと ごと

◇＝ 1−1−5 }減
2−1−3
1−1−1
段 目 回
ごと ごと

製図

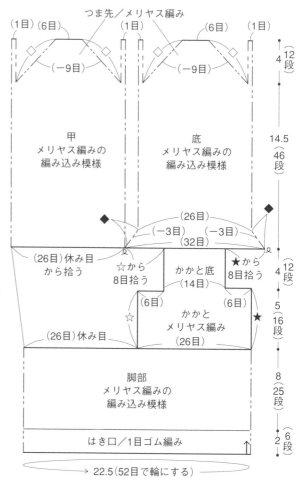

つま先／メリヤス編み

(1目)(6目)　　(1目)　　(6目)(1目)

(−9目)　　　　(−9目)

4 { 12段

甲
メリヤス編みの
編み込み模様

底
メリヤス編みの
編み込み模様

14.5 { 46段

◆ (26目) (−3目)(−3目) (32目) ◆

(26目)休み目
から拾う

☆から
8目拾う

かかと底
(14目)

★から
8目拾う

4 { 12段

(6目)

☆

かかと
メリヤス編み
(26目)

(6目)

★

5 { 16段

(26目)休み目

脚部
メリヤス編みの
編み込み模様

8 { 25段

はき口／1目ゴム編み ↑

2 { 6段

→ 22.5(52目で輪にする) ←

編み図　本体／はき口〜脚部

105ページへ図案続き

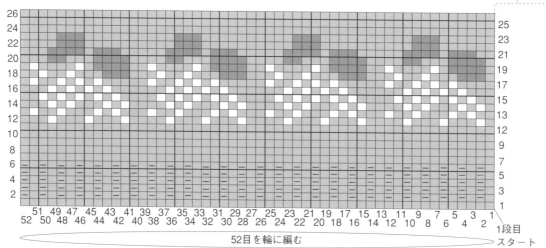

52目を輪に編む

1段目
スタート

編み図　本体／脚部（一部）〜つま先

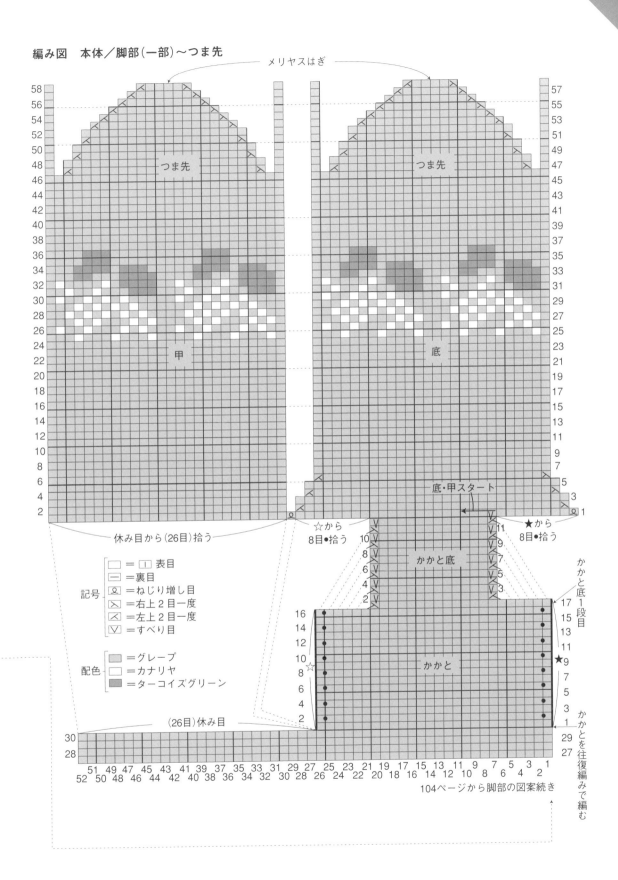

メリヤスはぎ

つま先

つま先

甲

底

休み目から（26目）拾う

☆から
8目●拾う

底・甲スタート

★から
8目●拾う

かかと底

かかと底1段目

記号
□ = [1] 表目
□ = 裏目
⊠ = ねじり増し目
⊠ = 右上2目一度
⊠ = 左上2目一度
Ⅴ = すべり目

配色
□ = グレープ
□ = カナリヤ
■ = ターコイズグリーン

かかと

かかとを往復編みで編む

（26目）休み目

104ページから脚部の図案続き

46,47page　丸いお花と4枚花びらのお花のハンドウォーマー

材料と用具

▶糸
＜丸いお花＞
DARUMA　原毛に近いメリノウール　キャメル（17）30g
DARUMA　やわらかラム　アプリコット（5）3g
ターコイズグリーン（41）2g
刺繍用カナリヤ（33）少量
＜4枚花びらのお花＞
DARUMA　原毛に近いメリノウール
ライトグレー（8）28g
DARUMA　やわらかラム　グレープ（30）3g
オリーブ（27）2g
刺繍用カナリヤ（33）少量
▶針
6号棒針2本　とじ針

出来上がりサイズ　長さ21cmと18.5cm　手のひら周り21cm

ゲージ　10cm四方で22目×24段

編み方

1. 作り目を48目作り、図を参照して編み込み模様を編む。
2. 丸いお花は51段、4枚花びらは47段編み終わったら伏せどめをする。
3. 花芯の部分を刺繍する。
4. 外表に半分にたたむ。
5. 下部から25段すくいとじをする。
6. 親指が出る部分を丸いお花は16段、4枚花びらは12段あけて残り10段をすくいとじをする。

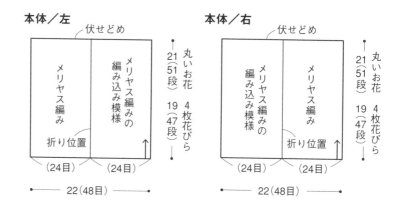

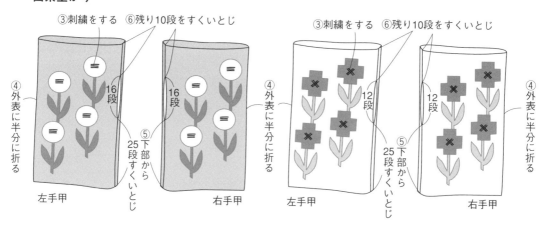

106

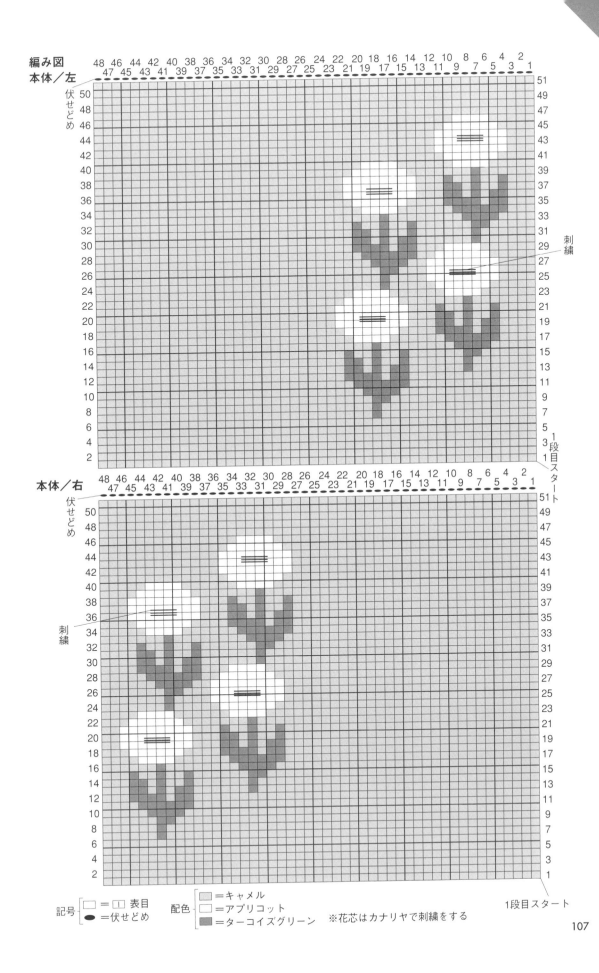

編み図
本体／左

伏せどめ

刺繍

本体／右

伏せどめ

刺繍

記号 □=表目 配色 □=キャメル
●=伏せどめ □=アプリコット
■=ターコイズグリーン ※花芯はカナリヤで刺繍をする

1段目スタート

編み図

本体／左

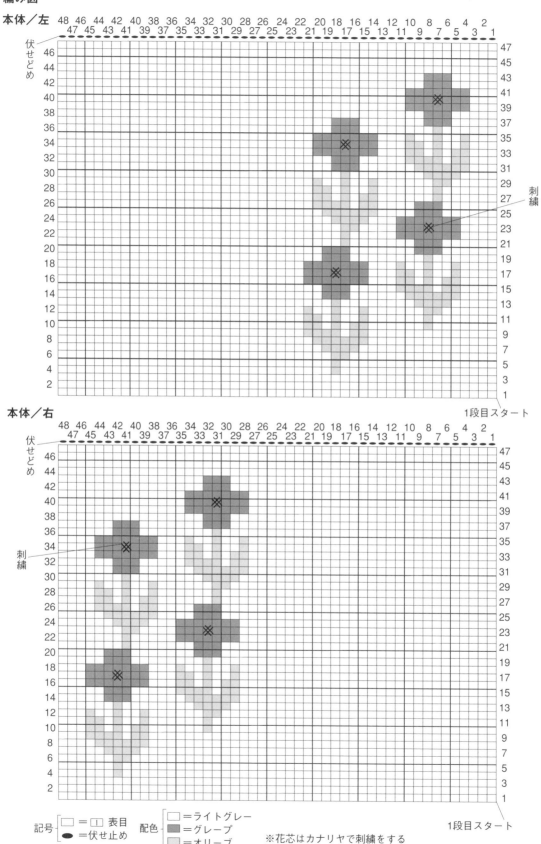

本体／右

記号 □ = □ 表目
● = 伏せ止め

配色 □ = ライトグレー
■ = グレープ
■ = オリーブ

※花芯はカナリヤで刺繍をする

41page　おうちマフラー

材料と用具

▶糸

DARUMA　シェットランドウール　ミント（7）85g

きなり（1）38g　マリンブルー（11）11g　レッド（10）10g

フリンジ用レッド（10）10g　マリンブルー（11）10g

刺繍用DARUMA　ダルシャンウール並太

イエロー（106）4g

ドアノブ刺繍用好みのブラウン少量

▶針

6号棒針4本　とじ針

出来上がりサイズ　13×109cm

ゲージ　10cm四方で24目×29段

編み方

1. 作り目を62目作り、輪にする。図を参照して編み込み模様を319段編み、伏せどめをする。

2. ドアの部分をイエローでメリヤス刺繍をし、ドアノブをブラウンで刺繍する。

3. 糸の始末をし、作り目と伏せ目をそれぞれはいでとじる。

4. フリンジを赤5個、青5個作り（76ページタッセル参照）、作り目側に青、伏せ目側に赤のフリンジを等間隔で結びつける。

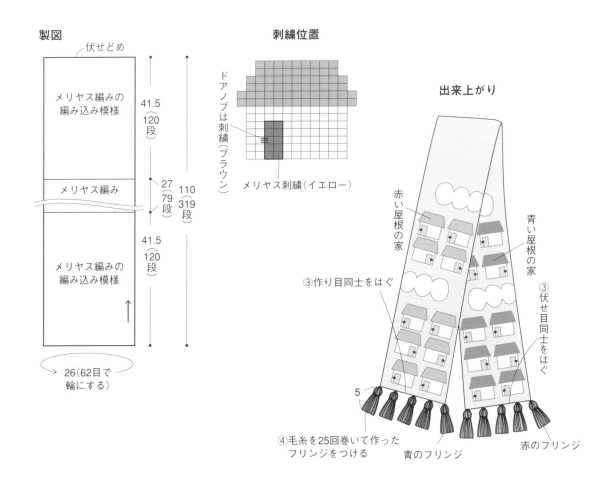

製図

伏せどめ

メリヤス編みの編み込み模様　41.5（120段）

メリヤス編み　27（79段）　110（319段）

メリヤス編みの編み込み模様　41.5（120段）

26（62目で輪にする）

刺繍位置

ドアノブは刺繍（ブラウン）

メリヤス刺繍（イエロー）

出来上がり

赤い屋根の家

青い屋根の家

③作り目同士をはぐ

③伏せ目同士をはぐ

5

④毛糸を25回巻いて作ったフリンジをつける

青のフリンジ

赤のフリンジ

編み図

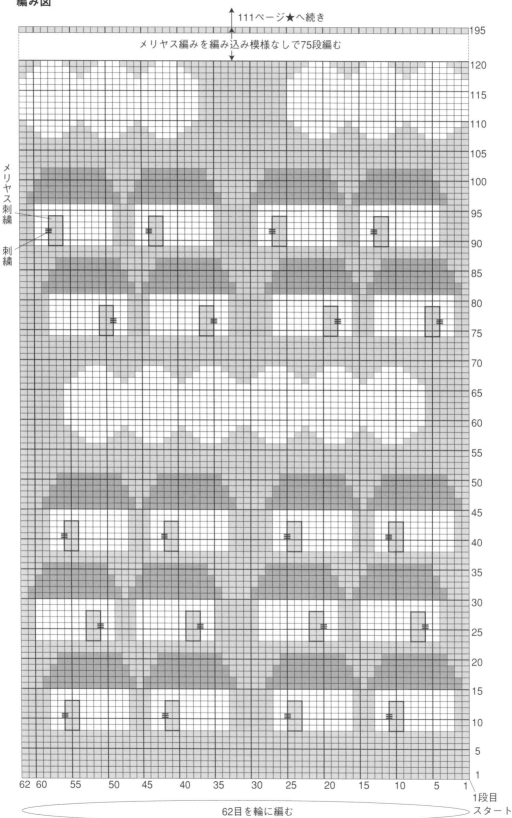

111ページ★へ続き

メリヤス編みを編み込み模様なしで75段編む

メリヤス刺繍

刺繍

62目を輪に編む

1段目
スタート

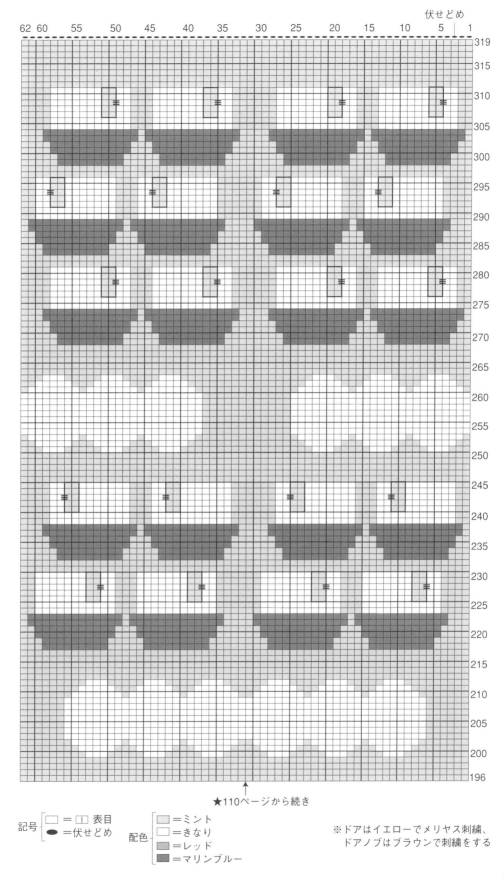

★110ページから続き

記号 ┌ □ = □ 表目
　　 └ ● = 伏せどめ

配色 ┌ =ミント
　　 │ =きなり
　　 │ =レッド
　　 └ =マリンブルー

※ドアはイエローでメリヤス刺繍、
　ドアノブはブラウンで刺繍をする

Profile

山下ひとなつ
Hitonatsu Yamashita

ニット作家。祖母の影響で 10 歳から編み物を始める。2014 年から作家活動を本格開始し、ギャラリーでの展示、雑誌や書籍の編み物提供などを中心に活動中。コアラとクッキーが好き。

Instagram：sun_n_summer

Staff

Photo　福井裕子

Design　橘川幹子

作図　為季法子

編集　恵中綾子（グラフィック社）

素材協力

株式会社アヴリル
〒 606-8185
京都府京都市左京区一乗寺高槻町 20-1
tel.075-724-3550
（11 時～17 時　※土日祝日をのぞく）
http://www.avril-kyoto.com

クロバー株式会社
〒 537-0025
大阪府大阪市東成区中道 3-15-5
tel.06-6978-2277（お客様係）
https://clover.co.jp

横田株式会社・DARUMA
〒 541-0058
大阪府大阪市中央区南久宝寺町 2-5-14
tel.06-6251-2183
http://www.daruma-ito.co.jp

協力

AWABEES
〒 151-0051
東京都渋谷区千駄ヶ谷 3-50-11
明星ビルディング 5F
tel.03-5786-1600

UTUWA
〒 151-0051
東京都渋谷区千駄ヶ谷 3-50-11
明星ビルディング 1F
tel.03-6447-0070

た・の・し・い　編み込み図案と小物

ゆかいでかわいい　編みたいモチーフ

2020 年 10 月 25 日　初版第 1 刷発行

著　者：山下ひとなつ
発行者：長瀬　聡
発行所：株式会社グラフィック社
　　　　〒 102-0073
　　　　東京都千代田区九段北 1-14-17
　　　　tel.03-3263-4318（代表）
　　　　　　03-3263-4579（編集）
　　　　fax.03-3263-5297
　　　　郵便振替　00130-6-114345
　　　　http://www.graphicsha.co.jp

印刷・製本：図書印刷株式会社